Wahrsagen

Bernd A. Mertz

Wahrsagen

mit den Karten der
Madame Lenormand

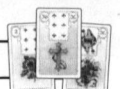

Von demselben Autor sind im FALKEN Verlag erschienen:
„Alles übers Horoskop" (Bd. 655)
„Tarot" (Bd. 1227)

Das Kartendeck „Blaue Eule" von AGM Müller, Neuhausen/Rhein,
Schweiz, ist über jede Buchhandlung zu beziehen.

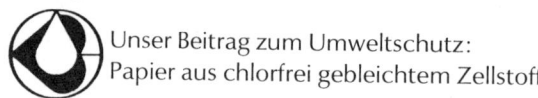

Unser Beitrag zum Umweltschutz:
Papier aus chlorfrei gebleichtem Zellstoff

ISBN 3 8068 1328 0

© 1992/1993 by Falken-Verlag GmbH, 6272 Niedernhausen/Ts.
Titelbild: Pinzer
Die Ratschläge in diesem Buch sind von dem Autor und vom
Verlag sorgfältig erwogen und geprüft, dennoch kann eine
Garantie nicht übernommen werden. Eine Haftung des Autors
bzw. des Verlags und seiner Beauftragten für Personen-, Sach-
und Vermögensschäden ist ausgeschlossen.
Satz: Raasch Printmedien Agentur, Neu-Isenburg
Druck: Wiesbadener Graphische Betriebe GmbH, Wiesbaden

817 2635 4453 62

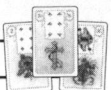

Inhalt

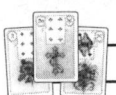

Wozu dieses Buch?

Schon immer wollten die Menschen wissen, was die Zukunft bringt. Auf der Suche nach einer Antwort zogen sie vielerlei Dinge zu Rate: den Himmel, die Sterne, den Vogelflug, die Hände sowie Kristallkugeln und heilige Bilder.

Schnell stellte sich jedoch heraus, daß nicht jeder die Begabung besaß, die Zukunft richtig zu erfassen und zu deuten. Deshalb setzten sich beispielsweise bei den alten Ägyptern Symbolbilder bei der Wahrheitssuche durch. Alle Bilder der großen Arcana des Tarot stammen aus Ägypten. Diese Motive wurden später auf Karten gemalt – das Kartenlegen war geboren.

Im antiken Griechenland hingegen pilgerten die Suchenden zu den Orakelstätten der Sibyllen und der Pythia. Delphi war wohl der bekannteste Ort, an dem das Wahrsagen ausgeübt wurde – wobei Wahrsagen immer bedeutete „die Wahrheit suchen". Die Botschaft des Orakels verstehen, heißt sich selbst finden!

Einen besonderen Aufschwung nahm das Wahrsagen – und damit auch das Kartenlegen – am Ende des 18. Jahrhunderts, zuerst in Paris, dann in ganz Europa. Zu dieser Zeit breitete sich auch der Ruhm der Madame Lenormand aus. Ihre Karten – von denen es unzählige Varianten gibt – möchten wir hier vorstellen, und zwar am Beispiel des Decks der *„Blauen Eule"*, das wir für das beste und aussagekräftigste halten. Weiterhin zeigen wir neben modernen auch noch einige alte Legetechniken, die aber heute noch gut anzuwenden sind.

Das Kartenlegen bis zur Vollendung hin zu erlernen, ist gar nicht einmal so wichtig, denn allein die Beschäftigung mit den Symbolen ist unterhaltsam, amüsant und darüber hinaus auch bildend und wissensbereichernd. Ein wenig Skepsis erscheint manchmal angebracht; aber vor allem kommt es auf schöpferische Neugierde an, um den in den Karten verborgenen Geheimnissen auf die Spur zu kommen. Ein Versuch lohnt sich!

Wer war Madame Lenormand?

Madame Marie-Anne-Adelaide Lenormand wurde am 27. Mai 1772 in Alençon unter dem Sternzeichen der Zwillinge geboren. Zunächst soll sie in einem Kloster erzogen worden sein, wo sie einer Erzählung zufolge dem Bischof Grimaldi auffiel. Er bescheinigte dem damals siebenjährigen Kind übernatürliche Fähigkeiten und weit übers Normale hinausreichende Inspirationskräfte.

Mit 21 Jahren ging Madame Lenormand nach Paris. Dort lernte sie die damals recht bekannte Wahrsagerin Madame Gilbert kennen, die ihre Lehrerin wurde. Über die Zeit zwischen dem Abgang von der Klosterschule und ihrer Ankunft in Paris ist nichts bekannt, wie Madame Lenormand auch so manches andere von ihrem Leben bewußt vor der Öffentlichkeit verbarg. Einzelheiten blieben in geheimnisvolles Dunkel gehüllt, was sie für die esoterischen Kreise um so anziehender machte.

Schon bald machte Madame Gilbert sie zu ihrer Partnerin, und eine weitere Überlieferung besagt, daß die beiden Damen einen Jungen namens Flammermont, der Fleisch in die vornehmen Häuser lieferte, beauftragten, Werbung für sie zu machen. So erhielten sie Zutritt zur besseren Gesellschaft.

Doch das Wahrsagen war damals offiziell untersagt, und so wurde Madame Lenormand eines Tages vor Gericht gestellt und verurteilt, weil sie das „Wahrsagen verbotenerweise ausgeübt habe". Sie kam ins Gefängnis und wurde 1809 aus Paris ausgewiesen, was jedoch ihrem Bekanntheitsgrad und ihrem Ruf nur förderlich war. Bis 1814 blieb sie in Brüssel und kehrte dann nach Paris zurück. Dort begann nun ihr Aufstieg, denn jetzt konnte sie die Prophetie ungehindert betreiben.

In der Landesbibliothek Stuttgart existiert noch ein Exemplar einer Schrift der *Seherin Lenormand*, die von der F. F. Haspel'schen Buchhandlung in Schwäbisch Hall – aus dem Französischen übersetzt – herausgegeben worden ist. Sie weissagt darin die Geschehnisse der Jahre 1848 bis 1860. Um bei der Wahrheit zu bleiben, muß allerdings gesagt werden, daß diese Voraussagen nicht eintrafen.

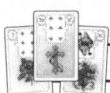 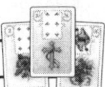

In Paris erwarb Madame Lenormand ein Vermögen, das ihr den Ankauf von Gütern bei Alençon, eines Hauses in Paris sowie eines Schlosses in Poissy gestattete. Ihr Salon in der Rue Honoré-Chevalier in Paris war ein wahrer Anziehungspunkt für die bessere Gesellschaft! Heute wird behauptet, Madame Lenormand habe auch Napoleon beraten, doch das muß bezweifelt werden. Sicher ist lediglich, daß sie Kontakt zum Hofe des Kaisers hatte, dessen Sturz sie vorhergesagt haben soll.

Sie schuf den Typ der „cartomancienne mondaine", zu der man einfach gehen mußte, wollte man mitreden. Madame Lenormand galt als die Sibylle von Paris!

Ohne Frage war diese Frau hoch talentiert und gebildet. Sie erstellte Horoskope, kannte sich bestens in den Mythen und in Volksweisheiten aus. Sie wußte um die Wünsche ihrer Klienten, zumal sie – allem Anschein nach – psychologisch sehr begabt war. Sie schrieb Bücher und Aufsätze und nahm auch direkten Einfluß auf die Gestaltung der Kartensymbole, da sie viel Phantasie besaß und in Bildern denken konnte. Diese Fähigkeiten lassen die Motive noch heute erkennen.

Am 25. Juni 1843, als die Sonne im Abschnitt Krebs stand, starb Madame Lenormand im Alter von 71 Jahren in Paris und hinterließ ein großes Vermögen. Viele Wahrsagerinnen versuchten danach vergeblich ihr Erbe anzutreten. Und allmählich wurde sie selbst zur Legende.

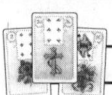

Die Karten
der Madame Lenormand

Die bildhaften Motive des Decks „Blaue Eule" besitzen eine tiefe Symbolik und eröffnen damit einen breiten Raum für Deutungsmöglichkeiten. Hinzu kommt jeweils die Abbildung einer französischen Spielkarte. Die Farben Herz, Kreuz, Karo und Pik spielen eine wichtige Rolle. Sie symbolisieren in der Esoterik die vier Elemente.

Herz steht für das Element „Feuer" und damit für Leidenschaft und Herzensangelegenheiten sowie für das Cholerische im Temperament.

Kreuz symbolisiert das Element „Erde" und damit das Reale und das Standhafte sowie das Phlegmatische im Temperament.

Karo versinnbildlicht das Element „Luft" und damit den Geist und die Denkebene sowie das Sanguinische im Temperament.

Pik symbolisiert das Element „Wasser" und damit das Seelische, das eher Unbewußte sowie das Melancholische im Temperament.

Diese Farben sind jeweils mit den Bildern der Karten zu kombinieren. Die Hofkarten (König, Dame, Bube) sowie die Zahlkarten (As und die Zahlen 6 bis 10) ergeben weitere Kombinationsmöglichkeiten.

Das wichtigste aber sind die klug ausgewählten und eindrucksvoll gemalten Motive, die den wesentlichen Sinngehalt der Karten wiedergeben. In ihnen steckt viel Wissen, manchmal sogar Weisheit, die auf Lebenserfahrung und Klugheit beruht.

Madame Lenormand hat noch viele andere Karten benutzt, bei denen beispielsweise die alten Mythen, die Alchimie und Motive der babylonischen Zeit eine Rolle spielten, aber mit der „Blauen Eule" kommen wir in der Auslegung am weitesten, diese Karten haben sich in der Praxis am besten bewährt.

Wie funktioniert
das Kartenlegen?

Immer wieder wird die Frage gestellt, wie denn das Wahrsagen funktioniere, wie es komme, daß so viele Aussagen stimmten. Ist Hellsichtigkeit vonnöten, braucht es dazu einer gewissen Gabe? Die Antwort lautet: Hellsichtigkeit ist nicht notwendig, aber Konzentration und Übung, Übung, Übung!

Mit der Zeit kommt eine gute Menschenkenntnis (wenn nicht ohnehin schon vorhanden) dazu, die man sich beim Umgang mit den Karten im wahrsten Sinne des Wortes spielend erwirbt. Zumal sich die Fragen fast immer auf die Bereiche Liebe, Gesundheit, Glück und Erfolg beziehen. Außerdem wird die Beobachtungsgabe zusehends mehr geschult, so daß man bald lernt, aus den Gesten, Blicken, Fragen und Antworten der Ratsuchenden wertvolle Rückschlüsse zu ziehen.

Vor allem aber liegt die „Antwort" jeweils im Fragenden selbst, denn dessen Unbewußtes (oder dessen Seele) läßt ihn die Karten ohne lange zu überlegen richtig auswählen und auslegen. Das Problem wird damit bereits angesprochen.

Zunächst legen wir alle Karten (eventuell in der Reihenfolge der Numerierung) *offen* aus. Der Ratsuchende darf sie sich in Ruhe ansehen, bevor er sie zusammenlegt und mischt. Dann lassen wir ihn „seine" Karten *verdeckt* auswählen und sie zunächst noch verdeckt oder auch gleich offen in der vereinbarten Legeart auslegen. Nun kommt es nur noch auf unsere Interpretation an, zu der es allerdings einigen Feingefühls und einer gewissen Intuition (Einfallskraft) bedarf, die sich aber mit der Zeit von allein einstellen.

Ein alter Orakelspruch sagt: „Die Antwort, die Du suchst, ist längst vorhanden – sie ruht in Dir selbst".

Das heißt: Der Kopf fragt und die Seele, die die Antwort längst weiß, gibt die Wahrheit durch die Karten kund. Wer also seine Seele sprechen lassen möchte, der versuche es mit diesen Karten, und er wird beglückt sein, wie sie ihn „verstehen" und wie sie praxisnah helfen können.

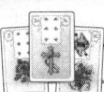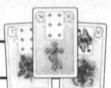

Vorstellung
der Lenormand-Karten

Karte 1: Der Reiter – Herz 9

Unter der Herz 9 sehen wir einen Reiter, der elegant gekleidet ist
und im Galopp eine Burg verläßt. Er passiert gerade einen Grenz-
stein und entfernt sich aus dem Schloßbereich. Im Hintergrund
erblicken wir das wehrhafte Bauwerk, zu dem eine Allee führt.
Also verläßt der Reiter das Anwesen auf einem Seitenweg.
Alles sieht nach einem Neuanfang aus. Auch mag es sein, daß dieser Reiter aufbricht, um jemandem eine Botschaft zu überbrin-
gen. Ist dies der Fall, so soll er seine Mission sicher im geheimen
erfüllen. Aber der Reiter verläßt vielleicht auch fluchtartig und
heimlich das wehrhafte Schloß. Jedenfalls ist die Szene von Elan
und Schwung gekennzeichnet, wie die feurige Herzfarbe anzeigt.

Herz 9 bedeutet, daß es sich um eine leidenschaftliche Aktion handelt. Die Zahl 9 steht auch für das Neue schlechthin. Wir können mit einer aktiven, erfolgversprechenden neuen Lebensphase rechnen, die jedoch erst beginnen wird. Auf jeden Fall müssen wir wach und aufnahmebereit für Veränderungen sein.

Symbolik: Tritt ein Pferd so sehr in den Vordergrund wie auf dieser Karte, dann besagt dies in der Bildersprache der Seele, daß hier viele neue, beschwingte (auch weise) Gedanken im Spiel sind. Das Pferd erinnert an das geflügelte Roß Pegasus aus der griechischen Mythologie, das zum Licht emporsprang. In alten Sagen sind es häufig Pferde, die dem Menschen helfen.
Das Pferd galt schon immer als Schutzgeist, und es deutete auf ein sehr ausgeprägtes Innenleben und damit auch auf Instinktsicherheit und Hellsichtigkeit hin. Pferde vermögen bösen Zauber und Unglück abzuwehren, deswegen sieht man an alten Bauernhäusern oft mit Liebe geschnitzte hölzerne Pferdeköpfe.
Die Kentauren (Wesen, bei denen ein menschlicher Oberkörper aus einem Pferdeleib herauswächst) sind – bis auf den weisen Cheiron – noch von (auch erotischer) Wildheit geprägt.

Bedeutung der Karte

<u>Allgemein:</u> Ein (Neu-)Anfang voller Energie. Altes kann überwunden werden.

<u>Liebe und Glück:</u> Der Neubeginn, das Aufflackern von Leidenschaften.

<u>Beruf:</u> Neue Chancen, die sich bieten. Auch noch heimliche Gespräche und Verhandlungen. Vielversprechende Angebote.

<u>Gesundheit:</u> Auf dem Weg zur Heilung. Neue Behandlungsmethoden. Neuer Mut und neue Zuversicht.

<u>Freundschaften und Bindungen:</u> Neue Begegnungen. Die Chance, unerwartete Verbindungen einzugehen und außerdem überraschend Förderung zu erfahren.

<u>Gefahren:</u> Das Neue zu überschätzen. Das Alte zu früh hinter sich zu lassen. Übermut und falsche Sicherheit. Ungeduld, eine Aufgabe zu erfüllen. Ein Ziel nicht konsequent genug zu verfolgen. Flucht vor sich selbst.

<u>Zusammenfassend:</u> Eine Karte, die zwar Mut gibt, aber auch Energie fordert, die jedoch auch vor Hoch- und Übermut warnt. Immer der Beginn von Handlungen und Taten – oft allerdings in gefährlicher Heimlichkeit.

Karte 2: Das Kleeblatt – Karo 6

Unter der Karo 6 sehen wir Klee. Am mittleren Stiel sitzt ein vierblättriges Kleeblatt. Dieses alte Symbol verheißt Glück. Auch
heute noch wird solch ein Kleeblatt – wenn man es in der Natur
findet – lange gehütet und entweder zwischen Buchseiten ge-
preßt oder in ein Gefäß mit Wasser gestellt. Solange man es besitzt, fühlt man sich be- oder geschützt. Das Besondere sind die
beiden Blütenknospen, die noch aufgehen werden und somit zu-
sätzliches Glück versprechen. Die Farbe Karo zeigt an, daß wir es
mit einem Symbol der gedanklichen Ebene zu tun haben.

Karo 6 bedeutet, das Glück mit Verstand beim Schopfe zu
packen. Dann hat man einen guten Start. Es kommt also auf die
eigenen Ideen und Vorstellungen an. Dennoch sollte man über
das Glück nachdenken, denn schon die Alten wußten, daß nichts
so unstabil ist wie das Glück – vor allem eines, das von außen und
nicht von innen kommt. Deshalb sollte man es festhalten.

Die symbolische Bedeutung „Anfang" beziehungsweise „Start" rührt auch daher, daß Karo 6 nach dem As = 1 die niedrigste Zahl der französischen Karten ist, die Karte also immer auch soviel wie Anfang bedeutet.

Symbolik: Das vierblättrige Kleeblatt ist ein uralter Talisman, denn so ein Blatt findet man sehr, sehr selten. Gute Augen und ein noch besserer Spürsinn sind nötig, um ein solches kleines Naturwunder zu entdecken. Das Kleeblatt bedeutet ferner gesunde Nahrung, denn es ist das Zeichen für guten Boden und gutes Wachstum.

Seine Seltenheit macht es für den Menschen besonders wertvoll, und die unversehrten Kleeblätter wurden immer als ein Wunder der Natur, ja der Schöpfung empfunden. Deshalb schmückten sich einst besonders junge Menschen damit, die noch an das Wunder der Liebe glaubten.

Alte Geschichten erzählen davon, daß sich liebende Paare häufig an dem Ort trafen, wo sie vorher ein vierblättriges Kleeblatt gefunden hatten. Man glaubte dadurch die Empfängnisbereitschaft der Frau zu steigern, die sich nach Kinderglück sehnte. Das Kleeblatt ist hier also Ausgangspunkt für ein kleines Glück.

Bedeutung der Karte

Allgemein: Das kleine Glück, das großes Glück nach sich ziehen kann.

Liebe und Glück: Gute Sterne beschützen, was wachsen soll.

Beruf: Wohlverdiente Glücksphasen brechen an. Doch alles, was einem geschenkt wird, muß bezahlt werden.

Gesundheit: Das kleine Wunder bei oder nach Erkrankungen. Glück bei der Arztwahl, bei der Unterbringung in Kliniken.

Freundschaften und Bindungen: Alte Freundschaften können aufblühen, neue entstehen; oder sie festigen sich zum Glück für alle Beteiligten.

Gefahren: Das Glück als selbstverständlich hinzunehmen. Nicht meinen: Mir geht es gut, was kümmert mich das Leid der anderen! Glück muß weitergegeben werden.

Zusammenfassend: Das kleine, oft unscheinbare Glück, das gerne übersehen wird. Dafür aufnahmebereit und dankbar sein. Der Talisman soll an die Aufgaben erinnern, die zu erfüllen sind, damit das Glück nicht so schnell geht, wie es gekommen ist.

 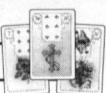

Karte 3: Das Schiff – Pik 10

Unter der Pik 10 sehen wir ein großes Segelboot sowie zwei kleine im Hintergrund. Zumindest das vordere Schiff ist unbemannt. Wie der fliegende Holländer fährt dieses Geisterschiff – ohne zu kentern – mit vollen Segeln über die Meere.
Pik ist die Farbe des Elements „Wasser", der Melancholie. Es macht uns auf die Seele, auf das Unbewußte aufmerksam. Die Fahrt kann also auch weit über den Horizont, das Reale, hinausgehen, etwa in eine Krise, in der wir uns mit dem Jenseits auseinandersetzen müssen.

Pik 10 bedeutet die Sehnsucht, Blockaden zu überwinden, um auf neue oder auf weite Fahrt zu gehen. Die Karte symbolisiert das Sicheingestehen einer Enttäuschung, die nun – nachdem man sie erkannt hat – überwunden werden muß und kann. Das heißt: Abschied vom Selbstmitleid und Aufforderung an die Seele, nun mutig neue Wege zu beschreiten.

Symbolik: Schiff und Meer galten immer als Zeichen des inneren Aufbruchs. Sie waren das Symbol der Unsterblichkeit, weil die Meere nie vergehen. Unsterblich ist aber nur die Seele.

Die Zahl 10 zeigt an, daß sich der Mensch nun mit großer Kraft geistigen (im Gegensatz zu praktischen) Aufgaben widmen soll. In der griechischen Sagenwelt bringt der Fährmann Charon die Verstorbenen (genauer: die unsterblichen Seelen) mit seinem Schiff in die Unterwelt, den Hades. Dort begann für sie das „Leben" erneut. Das heißt also: neue Ziele anvisieren!

Wenn die Seele einen lenkt, dann bedarf es des Verstandes nicht mehr; deswegen ist auch auf dem Segelboot keine Mannschaft sichtbar. Das Schiff galt immer als Symbol der schöpferischen Gottheit, weil am abendlichen Himmel ein Schiff (die waagerecht liegende Mondsichel) mit der Sonne stets zu neuen „Ufern" fuhr. Entweder in die Dunkelheit hinein oder aus ihr heraus. Die Pharaonen bauten sich „Sonnenbarken", um nach dem Tod in die neuen, schönen Gefilde zu gelangen.

Nur mit dem Schiff konnte man in alten Zeiten zu fernen Horizonten und damit zu neuen Erfahrungen gelangen, um die unser Unbewußtes wohl weiß, nicht aber unser Verstand.

Bedeutung der Karte

<u>Allgemein:</u> Die Seele, das Unbewußte, das innere Wissen, das uns zu neuen Ufern führt.

<u>Liebe und Glück:</u> Liebe wird nur eintreten, wenn wir unserem Gewissen folgen.

<u>Beruf:</u> Sich fragen, ob wir im Beruf auf dem richtigen Weg sind.

<u>Gesundheit:</u> Sich fragen, ob die Krankheit psychosomatische Ursachen hat. Die Heilkraft der Seele mobilisieren.

<u>Freundschaften und Bindungen:</u> Auf den inneren Wert eines Menschen achten.

<u>Gefahren:</u> Auf die innere Stimme wird nicht gehört, auf Omen (Vorzeichen) nicht geachtet. Sich allzu sicher zu sein; dem Verstand stets den Vorrang geben.

<u>Zusammenfassend:</u> Es handelt sich um eine warnende Karte, die uns mahnt, nach innen zu hören. Meist ein Hinweis darauf, daß man einen neuen Weg einschlagen sollte, weil der bisherige in eine Sackgasse geführt hat, was wir jedoch noch nicht wahrgenommen haben.

Karte 4: Das Haus – Herzkönig

Unter dem Herzkönig sehen wir ein prachtvolles Haus in einer parkähnlichen Anlage. Es trägt ein Pyramidendach, hat eine großzügige Veranda und ein imposantes Eingangsportal. Im Vordergrund sieht man ein schmiedeeisernes Gartentor.
Der Herzkönig ist der einzige der vier Könige, der ein Schwert trägt; alle anderen halten ein Zepter in der Hand. Dies bedeutet, daß er eine Macht symbolisiert, verbunden mit Leidenschaft und Feuer, wie die Farbe Herz uns zu erkennen gibt.

Herzkönig steht für den integeren Mann mit Autorität. Damit also für Vater, Chef, Minister – jedenfalls für eine Führungspersönlichkeit. Einen Mann im Rampenlicht, einen Mann, dessen Wort etwas gilt. Hier werden Stolz, Ausstrahlung, Führungsanspruch und Besitztum zum Ausdruck gebracht. Es ist kaum ohne weiteres möglich, den Bewohnern dieses Hauses einen Besuch abzustatten – dorthin wird man eingeladen, oder man wird gerufen.

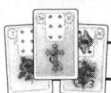 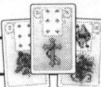

Symbolik: Das Haus war stets Symbol für Schutz und Geborgenheit, aber auch für Macht und Besitz. Die ersten prachtvollen Häuser, die die Menschen bauten, waren Tempel, also den Gottheiten gewidmete Häuser. Später sahen sich die Fürsten als Stellvertreter Gottes auf Erden an und ließen für sich entsprechende Häuser erbauen. Das Pyramidendach versinnbildlicht das Streben zum Himmel, um den Göttern stets nahe zu sein.

Ein prunkvolles Haus ist die Vorstufe zum Schloß. Das alte Symbol „Schloß" stand für die Himmelsburg. (Der Palast des Pharaos, der als Vertreter der Gottheiten galt, wurde als „Himmelsburg" bezeichnet.) „Himmelsburgen" baute man sich einst für das Leben und das Nachleben. Hieraus entwickelten sich dann die prächtigen Grabgewölbe, und zwar zunächst die Pyramiden. Reich geschmückte Grabstätten findet man heute noch in fast allen großen Hauptstädten der Welt. Ein prachtvolles Haus hatte also sowohl für das Diesseits wie für das Jenseits Bedeutung.

Der Garten um das Haus herum versinnbildlichte das Paradies, aus dem sich die Herrschenden, die Mächtigen nun nie mehr vertreiben lassen wollten. Stets war man bereit, den Besitz zu verteidigen (darauf verweist das Schwert des Königs) und der Balkon, von wo aus man die Umgebung gut beobachten konnte.

Bedeutung der Karte

<u>Allgemein:</u> Macht und Ausstrahlung. Autorität und Größe.

<u>Liebe und Glück:</u> In der Liebe und im Glück das Ziel erreicht zu haben. Aber auch der Kampf um den Erhalt des Glückes und der Liebe.

<u>Beruf:</u> Der Führungsposten, die Chefetage. Die Vorgesetzten in der obersten Etage. Auch Förderung auf dem Weg nach oben.

<u>Gesundheit:</u> Der Kranke ist in besten Händen, etwa in denen eines Chefarztes oder eines anerkannten Spezialisten. Die Heilung steht bevor.

<u>Freundschaften und Bindungen:</u> Gute Beziehungen, die das Leben sehr erleichtern können.

<u>Gefahren:</u> Hochmut, Unansprechbarkeit. Größenwahn. Die Verpflichtungen, die mit der Macht einhergehen, nicht zu erkennen.

<u>Zusammenfassend:</u> Die Führungsperson in diesem Kartendeck. Die Autorität, der Machteinfluß. Der erfahrene Mann, der die Weisheit des Herzens besitzt. Die Respektsperson. Aber auch die Unterwerfung unter das Recht des Stärkeren. Überwiegend positive Tendenz.

Karte 5: Der Baum – Herz 7

Unter der Herz 7 sehen wir einen großen Baum mit vielen schutz-
gebenden hängenden Zweigen. Im Hintergrund erkennen wir eine
kleine Anhöhe, die auch ein Hünengrab sein kann. Die Landschaft
erscheint herbstlich. Die Wurzeln des Baumes wachsen aus der
Erde heraus. Es ist fraglich, ob sie die gewaltige Baumkrone noch
ausreichend versorgen können. Der Baum müßte also gepflegt
und beschnitten werden. Aber er bietet Schutz, vielleicht auch
für Liebende, denn wir haben es mit der Herzfarbe zu tun.

Herz 7 erzählt von der geheimen Liebe, die von den sieben Planeten beschützt wird; von der Flucht der Liebenden aus dem
Haus hinaus in die Natur. Sie weist auf schnelle Vertrauensselig-
keit hin, auf die Aufgeschlossenheit gegenüber jedem Flirt, jeder
Liebelei, ohne daß die Konsequenzen bedacht werden.
Streit sollte man aus dem Weg gehen und Verstimmungen ver-
meiden, weil die Folgen nicht abzusehen wären.

Symbolik: Der Baum galt immer schon einerseits als Symbol des Lebens, andererseits als das der Erkenntnis. Im Paradies durften Adam und Eva wohl vom Lebensbaum, nicht jedoch vom Baum der Erkenntnis essen. Und die Milchstraße wurde in Ägypten stets als Lebensbaum angesehen. Zu Weihnachten, in der dunkelsten Zeit des Jahres, wird ein lichtergeschmückter Baum als Hoffnungssymbol in die Stuben gestellt.

Ferner kennzeichnete der Baum geheiligte Orte, wo Versammlungen abgehalten und Recht gesprochen wurde. Viele Kirchenkanzeln sind mit Baummotiven kunstvoll verziert.

Unter dem Baum nahmen Philosophen Platz, weil sie sich über die Baumkrone mit dem Himmel verbunden fühlten.

Ohne das Holz der Bäume als Material hätte sich der Mensch nicht zum Kulturmenschen entwickeln können, denn es machte die Erde bewohnbar und heimelig – also zur Heimat. Heute ist der Baum Symbol für die Gesundheit unserer Erde.

Durch seine weit ins Erdreich hineinreichenden Wurzeln und seine hoch in den Himmel hineinragenden Äste wurde der Baum zum Symbol für Kraft und Fülle, die zwar immer wieder vergehen, sich aber dadurch auch immer wieder erneuern.

Unter Bäumen lagerte man einst die Ernte, um sie deren Schutz anzuvertrauen.

Den Bäumen der heiligen Haine entsprachen später die Säulen der Tempel, in denen man die Gottheiten verehrte.

Bedeutung der Karte

Allgemein: Stille, Ruhe. Sicherheitsbedürfnis. Zeit der Ernte.

Liebe und Glück: Schutz und Ruhe. Die Dauerhaftigkeit steht im Vordergrund. Auch heimliche Liebe.

Beruf: Die Früchte der Arbeit ernten. Eventuell Übergang in die Rente. Bilanz ziehen. Keine zu hohen Posten anstreben.

Gesundheit: Vorsorgemaßnahmen einleiten. Heilung in der Natur suchen. Luftkuren, Bewegung im Freien.

Freundschaften und Bindungen: Verläßlichkeit, Treue. Alte Beziehungen pflegen. Hilfe durch geheime Treffen.

Gefahren: Chancen zu verschlafen. Urlaubssüchtigkeit.

Zusammenfassend: Die Karte der Ruhe, auch der Selbstzufriedenheit. Das Streben, Liebe und Erfüllung auf dieser Erde zu finden.

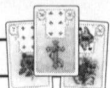

Karte 6: Die Wolken – Kreuzkönig

Es ist die erste Kreuzkarte, der wir begegnen. Unter dem Kreuzkönig sehen wir einen Wetterumschwung. Von rechts kommen
dunkle Wolken, die über eine einsame Landschaft ziehen. Es ist
Herbst. Die Büsche und Bäume sind teilweise schon braun. Die
Farbe Kreuz erinnert uns an das irdische Vergehen, an das reale
Dasein. Das Bild zeigt aber auch, daß die Wolken kommen und
gehen, daß also die schwierigen Zeiten des Lebens eines Tages
den positiveren weichen werden. Zudem künden die Wolken eine
entscheidende Wendung an.

Kreuzkönig: Der Herr der Realität. An ihm kann keiner vorbei.
Der strenge Prüfer und der Wächter über die Pflichterfüllung. Er
steht für Autorität. Aber dieser Herrscher kann auch befruchtend
wirken, indem er neue Wege weist.
Er verlangt Härte, damit das Weiche, das Schutzbedürftige nicht
hilflos den harten Realitäten ausgesetzt ist.

Symbolik: Der Himmel kündigt an, was kommt. Deswegen trachteten die Menschen einst, von Sonne, Mond und Sternen seine Zeichen abzulesen. Die eindeutigsten Hinweise geben die Wolken, nach denen sich noch heute die Landwirte richten. Eine alte Bauernweisheit lautet: „Ein Blick zum Himmel lohnt sich immer." Er gibt Sicherheit und Vertrauen. Der Bauer ist fest mit der Erde verbunden, zu der für ihn die Wolken gehören. Mit den Wetterumschwüngen muß man leben lernen – wie es die Tiere tun, die in der Luft leben. Erst wer das Dunkle sieht und annimmt, der weiß das Helle zu schätzen. Der stete Wechsel macht die Menschen munter und beweglich und reißt sie aus den Wachträumen, durch die sie sonst vielleicht das Leben verschlafen würden.

Der Blick in die Wolken schärft den Blick für die Lebenskrisen, aber er vermittelt auch die tiefe Zuversicht in einen gerechten Lebensverlauf. Deswegen ist der Kreuzkönig mit den Wolken verbunden. Er mahnt, auch die Schattenseiten des Lebens anzunehmen, weil sich nur auf diese Weise schöpferische Kräfte für uns entwickeln können. Wir müssen lernen, mit Veränderungen zu leben. Ewiges Glück ist auf Dauer unschöpferisch.

Bedeutung der Karte

<u>Allgemein:</u> Das herannahende Unwetter sehen, sich auf Krisen vorbereiten. Stete Wachsamkeit ist notwendig.

<u>Liebe und Glück:</u> Jede Liebe, jedes Glück kommt in eine Krise, die aber überwunden werden kann und dann zu neuen Höhen führt.

<u>Beruf:</u> Schwierigkeiten. Auch Angst vor neuen Aufgaben. Oft droht eine Entlassung, die jedoch nützlich sein kann.

<u>Gesundheit:</u> Auf alle Symptome achten. Keine Entzündung oder Ansteckung auf die leichte Schulter nehmen.

<u>Freundschaften und Bindungen:</u> Echte Bindungen unterliegen der Prüfung. Gerade in der Not bewährt sich die Freundschaft.

<u>Gefahren:</u> Die Krise nicht zu sehen. Sich nicht auf schlechte Tage eingerichtet zu haben. Die Gefahr, vor lauter Angst das Handeln zu vergessen.

<u>Zusammenfassend:</u> Krisen abwehren. Keine Krise kommt ohne (schlechtes) Omen. Vorsorge treffen, Versicherungen abschließen. Aber auch über das „Danach" (die Zeit nach einer bestimmten Lebensphase oder nach einer Krise) nachdenken. Nach den Ursachen fragen: War ich vielleicht selbst schuld an der Krise?

 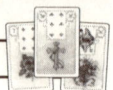

Karte 7: Die Schlange – Kreuzdame

Unter der Kreuzdame sehen wir eine Schlange, die sich aufrichtet – obwohl in der Bibel steht, daß sie nur noch am Boden zu kriechen habe. Sie züngelt – ob aus Freude am Angriff oder aus Abwehr ist nicht auszumachen. (Das entscheiden die Karten, die neben ihr liegen.) Die Schlange lebt in einer eher exotischen steinigen Landschaft. Sowohl diese als auch der Lichtschein muten ungewohnt und fremd an – als käme etwas Unheimliches auf uns zu. Auch wenn die Karte Ungewöhnliches ausdrückt, meint sie doch etwas Reales – wie die Farbe Kreuz andeutet.

Kreuzdame: Es ist die geheimnisvolle Frau, die in unser Leben tritt: als Geliebte, als Nebenbuhlerin, als Förderin im Beruf oder in der Karriere. Ihre Intelligenz ist unbestritten, ebenso ihre Beharrlichkeit. Sie findet schnell die Schwachpunkte ihrer Partnerinnen und Partner heraus; außerdem ist sie immer auf der Hut: stets zum Angriff, aber auch zur Abwehr bereit.

Symbolik: Die Schlange galt stets als das verfluchte Tier, weil sie Adam und Eva verführt hatte. Aber (nach der Bibel) sie ist zugleich auch so schlau wie kein anderes Tier. Sie symbolisiert die Verführung, was aber nicht nur negativ zu sehen ist.

Sie gilt ferner als unsterblich, da sie sich durch permanente Häutung verjüngt. Symbolisch bedeutet dies die Chance, die stets wiederkommen kann.

Ihr Gift vermag einerseits den Tod zu bringen, wird aber andererseits seit Jahrtausenden in der Heilkunde verwendet. In der Schlange lebt also das Dunkle wie das Helle, oder anders gesagt: „Was schadet, kann auch nutzen." Der alte Volksglaube weiß außerdem: Wer eine Schlange tötet, ruft einen Todesfall in der Familie hervor.

Sie galt trotzdem in vielen Gegenden als heilig. Deshalb werden auch heute noch Schlangenprozessionen durchgeführt.

Die alten Ägypter trugen als Kopfschmuck eine Uräusschlange, die sie vor Dämonen beschützen sollte. Die Symbolik ist also weder eindeutig negativ noch eindeutig positiv. Die Schlange ist wie der Mensch: mal gut, mal böse – aber immer bemüht. Daher träumt die Schlange davon, wie ein Adler am Himmel zu fliegen. Sie ist seit Urzeiten ein Mondsymbol.

Bedeutung der Karte

<u>Allgemein:</u> Eine Gefahr, aber auch eine Chance. Verführung, sich an Neues heranzuwagen, was auch Gewissensbisse auszulösen vermag.

<u>Liebe und Glück:</u> Gefahr, Verführung. Lockung. Die Nebenbuhlerin, der Nebenbuhler. Spielerisches Glück in der Versuchung.

<u>Beruf:</u> Förderung durch weibliche Personen, die eine Chance bietet. Aber die Förderung ist kaum als selbstlos zu werten.

<u>Gesundheit:</u> Die Gefahr, die Ursache einer Krankheit nicht zu erkennen. Illusionen von einer Heilung, die in Wahrheit nicht stattfindet.

<u>Freundschaften und Bindungen:</u> Gefährliche Belastungen durch Eindringen fremder Personen in den Freundeskreis.

<u>Gefahren:</u> Sich Verführungen aussetzen, wobei der Verstand ausgeschaltet bleibt.

<u>Zusammenfassend:</u> Achtgeben, um Verführungen nicht zu verfallen. Aber mit jeder Verführung kann auch eine Chance verbunden sein, die nicht zu leichtsinnig ausgeschlagen werden sollte.

Karte 8: Der Sarg – Karo 9

Unter der Karo 9 erblicken wir einen Sarg, der zur Beerdigungs-
feier hergerichtet ist. Im Hintergrund sieht man auf einem hohen
Ständer ein ewiges Licht brennen. Der Sarg ist festlich, aber
schlicht mit immergrünen Pflanzen geschmückt. Er steht auf
einem Sockel, der mit einem Tuch in der Farbe des Nachthimmels
bedeckt und mit einem gelben Band dekoriert ist. Diese Karte
zeigt das Gedankliche an.

Karo 9: Die Zahl 9 weist darauf hin, daß man sich schon mit dem
Ende, aber auch mit dem, was danach als Neues kommt, ausein-
anderzusetzen hat. Sie symbolisiert aber auch, daß jemand uns
in Gedanken Böses wünscht, oder den Rufmord, die üble
Nachrede; die List sowie die Verschlagenheit und damit die bewußte Falschinformation. So ist etwas von negativen Absichten
zu spüren, die jedoch durchschaut werden müssen, damit man
über alle Verluste hinweg zu neuem Gewinn gelangt.

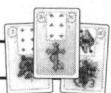
Symbolik: Diese Karte wird meist verkannt. Sie gilt als Symbol des Todes, ohne es jedoch zu sein. Denn die Karo 9 besagt, daß dies eine Karte des Denkens ist. Wir sollen folglich über den Tod nachdenken, wobei es sich aber nicht zwangsläufig um den Tod des Leibes handelt, denn im Laufe unseres Lebens sterben wir viele „kleine" Tode – bei jedem Abschied, bei jeder Trennung. Meist ist das Ende einer Entwicklung gemeint, vielleicht das Ende einer Liebe (je nach den Nachbarkarten).

Im Volksglauben erschien der Tod als *Freund Hein,* der uns lächelnd zu einem neuen Übergang führt. Tod als absolutes Ende existiert nicht. Erst später wurde die Gestalt des Todes mit dem bösen Sensenmann gleichgesetzt.

Über all diese Fragen sollte man nachdenken, und es kommt sehr darauf an, welche Karte (als Zukunftskarte) vom Ratsuchenden aus gesehen rechts daneben liegt.

Auch in unseren Träumen erscheint der Tod nie als Ankündigung des leiblichen Endes, sondern als eine Stufe des ewigen Zyklus von „Stirb und Werde". Je eher wir uns mit den Fragen des Endes, der Verluste, der Abschiede auseinandersetzen, um so eher bewältigen wir das Problem des Todes im Großen wie im Kleinen. Bei der Deutung dieser Karte ist also sehr behutsam vorzugehen.

Bedeutung der Karte

<u>Allgemein:</u> Der Abschluß einer Entwicklung, der Anfang einer neuen. Konsequenzen aus etwas ziehen.

<u>Liebe und Glück:</u> Ein Wunschtraum mag zerstört werden. Das Ende eines Glücks – vielleicht auch, weil neues Glück vor der Tür steht.

<u>Beruf:</u> Abschluß. Eventuell Neuanfang. Die Gefahr, daß eine Firma den Konkurs anmelden muß.

<u>Gesundheit:</u> Das böse Ende einer Krankheit, die Spuren hinterläßt, aber auch das glückliche Ende einer Krankheit, die damit „gestorben" ist.

<u>Freundschaften und Bindungen:</u> Prüfen, ob Bindungen oder Freundschaften ihren Sinn verloren haben oder beendet sind.

<u>Gefahren:</u> Der Angst zu verfallen. Fatalismus. Den Tod herbeizusehnen. Hoffnungslosigkeit.

<u>Zusammenfassend:</u> Etwas Einschneidendes zum Abschluß bringen. Mut zu neuen Taten haben. Sich damit auseinandersetzen, daß nichts von ewiger Dauer ist.

Karte 9: Der Blumenstrauß – Pikdame

Unter der Pikdame erkennen wir einen Blumenstrauß, der kunstvoll gebunden ist. Blumen aller Farben und Jahreszeiten sind hier
zusammengetragen. Das Besondere an ihm ist jedoch das Band,
das ihn zusammenhält. Es zeigt die Lemniskate, das Hauptsym-
bol der Esoterik: eine liegende, manchmal auch stehende Acht –
das Sinnbild für den ewigen Wandel. Dies zeichnet den Strauß der
Pikdame aus, die ihrerseits für das Seelische steht.

Pikdame symbolisiert die gute Freundin wie auch die heran-
wachsende Tochter oder die junge Geliebte. Ihre innere Verbundenheit mit dem Mann, ihre gefühlsmäßige Bindung an ihn, geht
aber tiefer; es ist also keine ausschließlich erotische Beziehung
gemeint. Diese Frau stellt große Anforderungen an ihre Partner.
Früher verkörperte sie die Salondame, die Karrieren förderte,
aber auch die Dame der Gesellschaft, die mehr Einfluß besaß, als
die Frau an der Seite manch wichtigen Mannes.

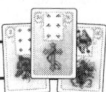

Symbolik: Der Blumenstrauß symbolisiert sowohl den Wunsch, Freude zu machen, als auch das Bedürfnis, Beileid auszudrücken. Blumen sollen die Genesung Kranker fördern und Freunden ein Zeichen sein, daß man an sie voller Liebe und Herzensgüte denkt. Blumen sind sowohl ein Symbol des Abschieds (daher folgt diese Karte dem Sarg) als auch der Hoffnung. Daher dürfen sie auch bei Gratulationen oder etwa bei Geschäftseröffnungen nicht fehlen. „Durch die Blume sprechen" ist eine alte Redewendung, die ursprünglich bedeutete: Was Worte nicht zu sagen vermögen, Blumen können es zum Ausdruck bringen. Der Rosenkavalier wußte dies und hatte damit unerwarteten Erfolg. Aber alle Blumen welken, deshalb symbolisieren sie auch die schnelle Vergänglichkeit. Weil sie aber immer wieder erblühen, sind Blumen ebenso ein uraltes Symbol der Hoffnung, der Genesung, ja der Heilung.
Je bunter ein Strauß, um so mehr zeigt er die vielen Möglichkeiten auf, die die Menschen noch vor sich haben. So farbenprächtig wie ein Blumenstrauß können zwei oder drei Pflanzen in einem Topf nie sein. Deswegen wird der Strauß stets eine besondere Gabe bleiben, die zu unzähligen Anlässen überreicht werden kann.

Bedeutung der Karte

<u>Allgemein:</u> Beistand und Hoffnung. Förderung durch kluge Frauen. Die Tochter (falls vorhanden), die bald aus dem Haus geht. Die Freundin, der man vertrauen kann.

<u>Liebe und Glück:</u> Fortuna lächelt hier recht ermutigend.

<u>Beruf:</u> Förderung und neue Ausblicke. Beziehungen mit Hilfe von Frauen anknüpfen, die mit neuen Aufgaben winken.

<u>Gesundheit:</u> Hilfe durch die heilenden Hände einer Frau. Sich auf weibliche Intuition verlassen. Vertrauen fassen.

<u>Freundschaften und Bindungen:</u> Eine Bereicherung des Freundeskreises.

<u>Gefahren:</u> Sich allein auf weibliche Förderung zu verlassen. Vorsicht: Nicht alle Versprechungen werden erfüllt. Vor weiblichen Schmeicheleien auf der Hut sein.

<u>Zusammenfassend:</u> Durch neue Begegnungen die Chance auf neue Hoffnung. Begegnungen vor allem mit Frauen, die sich im Hintergrund halten und von dort aus helfend eingreifen. Eine Tochter könnte sich „von der Nabelschnur" lösen.

 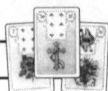

Karte 10: Die Sense – Karobube

Unter dem Karobuben erkennen wir ein abgeerntetes Feld. An Getreidegarben lehnt eine Sense. Vor den Garben beginnt ein grünes Feld. Die Ernte ist eingebracht, die Arbeit getan, die Menschen haben den Ort verlassen. Bis zum Horizont erstrecken sich Äcker, nichts verlockt zum Bleiben. Wir sollen uns bei Karo gedanklich mit einem Problem beschäftigen.

Karobube: Ein (meist) junger Mensch, der an einem Scheideweg steht. Noch kann er als Bruder Leichtfuß bezeichnet werden. Ein junger Mann, der bereit ist, zu lernen. Bislang hat er sich nicht auf etwas Bestimmtes festgelegt, seine Talente noch nicht erprobt. Die Bewährung „draußen" steht bevor, dazu muß er die Heimat verlassen. Die Welt wartet darauf, von ihm erobert zu werden.

Symbolik: Die Sense symbolisierte immer den Abschluß einer Arbeit. Deshalb stellte man auch *Freund Hein* mit der Sense in der

Hand dar, denn er setzt dem Leben der Menschen ein Ende. Von dieser Bedeutung kann hier jedoch keine Rede sein. Der Bube verkörpert einen jungen Menschen, der etwas Neues beziehungsweise von vorn anfangen will. Er hat das Feld abgeerntet, damit neu gesät werden kann. Nach der Ernte verlassen insbesondere die jungen Leute das Heim oder die Arbeitsstätte. Das Arbeitsgerät (die Sense) bleibt zurück, darauf hinweisend, daß irgendwann auch eine Heimkehr möglich wäre. So ist im Grunde alles offen, weit und voller Möglichkeiten!

Der Acker symbolisierte stets die Mutter Erde, also das Naturhafte, den heimatlichen Boden. Diese „Mutter" muß man nun verlassen – nicht für immer, aber doch für einige Zeit, um in der weiten Welt Abenteuer zu erleben und zu bestehen. Der Acker wiederum braucht Ruhe, um sich zu erholen, damit die Mutter Erde erneut Früchte hervorbringen kann.

Es handelt sich hier also um eine doppelte Symbolik: um die der ruhenden Mutter Erde sowie um die des jungen Menschen, der für eine gewisse Zeit sein heimatliches Stück Erde verläßt, um die Welt zu erkunden und um zu lernen; die Freiheit suchend, aber mit Bindung an das Vergangene. Das Leben wird den Bruder Leichtfuß erziehen; vielleicht erreicht er viel und leistet Großes.

Bedeutung der Karte

<u>Allgemein:</u> Selbständig einen neuen Anfang machen.

<u>Liebe und Glück:</u> Junge Liebe; aber auch Liebe zwischen einem älteren Menschen und einem jungen. Neue Glückschancen.

<u>Beruf:</u> Ein neuer Start, oft der erste überhaupt. Ein neues Arbeitsgebiet oder eine neue Arbeitsstätte. Dabei jedoch meist auf der Flucht vor dem alten Beruf.

<u>Gesundheit:</u> Gesundheit durch neuartige Heilungsverfahren. Mit wiedergewonnener Gesundheit fängt das Leben quasi von vorn an.

<u>Freundschaften und Bindungen:</u> Neue Möglichkeiten. Auch das Aufleben alter Freundschaften.

<u>Gefahren:</u> Zu schnell das Alte hinzuwerfen. Sich immer nur auf das Neue zu freuen. Die Zukunft planen, ohne das in der Vergangenheit erworbene Wissen zu nützen. Ungeduld und Unstetigkeit.

<u>Zusammenfassend:</u> Jugend, die aufbricht. Der neue Anfang, das neue Ziel. Die Ferne und das Abenteuer rufen. Frohsinn. Gute Gedanken.

Karte 11: Die Rute – Kreuzbube

Unter dem Kreuzbuben erkennen wir eine Rute und eine Geißel.
Der Reisigbund wird von einem blauen Band zusammengehalten,
das *kreuz*förmig gebunden ist. Die Geißel hat einen lilafarbenen
Schlaufengriff. Blau und Lila könnte man als esoterische Farben
bezeichnen; zugleich haben wir es aber mit einer Kreuzkarte,
also mit der Realität zu tun. Außerdem sehen wir einen stilisier-
ten grünen Kranz, der aus Stechpalme zu bestehen scheint.

Kreuzbube: Früher war er das Symbol für den „bösen" Buben. So
einfach können wir es uns aber nicht machen. Er steht für einen
jungen Mann mit unbändiger Energie, der immer wieder von der
Realität eingeholt wird. Meist hat er mehrere Fehltritte begangen,
für die er büßen muß. Aber dieser junge Mann ist lernfähig und
wird bald erfahren und reif sein. Vor allem ist er ohne Arglist; er
handelt mehr aus einem Gefühl der Kraft heraus. Noch setzt er
sie falsch ein, bald aber wird das Leben ihn bändigen.

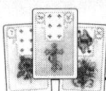

Symbolik: Das Reisigbündel besagt hier erst einmal, daß reiner Tisch oder klar Schiff zu machen ist. Auf solchen Reisigbesen ritten übrigens einst die Hexen – es deutet also auch auf innere Wildheit hin. Bestätigt wird dieser Eindruck durch das (Selbst-) Züchtigungsinstrument Geißel. Sich für seine eigenen Sünden zu bestrafen, das steht hinter diesem Symbol. Sich für seine eigenen Taten zu verantworten verlangt Einsicht und Mut, aber auch den ernsten Willen, etwas aus sich zu machen.

Wer meint, daß der „Dreck" nicht unter den Teppich gekehrt werden darf, der ist – trotz aller Fehler, die er noch macht – auf dem richtigen Weg. Wir haben es hier also mit einem starken Antrieb, aber auch mit Selbstdisziplin zu tun; wobei die (geistige und körperliche) Selbstzüchtigung (wie einst in manchen Klöstern) auch zu einer gewissen Lust am Schmerz führen kann. Die Symbolik dieser Karte birgt also unterschiedlichste Extreme in sich, die jedoch alle in der Realität vorkommen. Heute kennen wir noch die Narrenpeitschen oder die Narrenschellen, die aus dieser Rute hervorgegangen sind. Durch das Schlagen wurde sinnbildlich eine Wandlung vollzogen. Die gleiche symbolische Bedeutung besaß der Ritterschlag: Auf diese Weise wurden die adligen Jünglinge in den Kreis der Edlen aufgenommen.

Bedeutung der Karte

<u>Allgemein:</u> Der Mut, sich über gesellschaftliche Schranken und über bürgerliche Verhaltenskodexe hinwegzusetzen, doch auch die Einsicht zur Umkehr.

<u>Liebe und Glück:</u> Man will mutig die Liebe und das Glück zwingen, schießt aber meist über das Ziel hinaus.

<u>Beruf:</u> „Frisch gewagt ist halb gewonnen", so heißt die Devise, und wenn es schiefgeht, fangen wir noch einmal von vorn an.

<u>Gesundheit:</u> Leichtsinn und Übermut führen zu Schädigungen; oft läuft es darauf hinaus, daß man sich selbst schadet.

<u>Freundschaften und Bindungen:</u> Man wagt Neues, besteht (kleine und große) Abenteuer. Das schmiedet die Gemeinschaften zusammen.

<u>Gefahren:</u> Über das Ziel hinauszuschießen. Opfer zu bringen, obwohl es sich vielleicht nicht lohnt. Die Folgen seiner Taten zu spät zu erkennen.

<u>Zusammenfassend:</u> Die Karte des ungeheuren Wagnisses, zugleich aber auch die Warnung: wie gewonnen, so zerronnen.

Karte 12: Die Vögel – Karo 7

Unter der Karo 7 sehen wir auf einem winterlich kahlen Baum inmitten einer öden, lediglich angedeuteten Landschaft zwei Nachtvögel. Eulen beziehungsweise Uhus gelten als Vögel der Weisheit; daß wir es bei dieser Karte mit der gedanklich-geistigen Ebene zu tun haben, zeigt auch die Farbe Karo.

Die Vögel schauen mit großen Augen in die dämmrige Nacht. Ihr Blick wirkt ziemlich starr, und doch gewinnt man beim näheren Hinsehen den Eindruck, daß diese Vögel alles sehr genau beobachten und „wissend" aufnehmen.

Karo 7: Diese Karte versinnbildlicht Klugheit, aber auch List. Kurz: eine gewisse Bauernschläue. Das Motto lautet: „Was nutzt es mir – was bringt es mir?"

Karo 7 steht für einen sehr aufgeweckten Geist, der sowohl journalistisch zu arbeiten vermag, als auch – wenn nötig – in der Lage ist, philosophischen Überlegungen nachzugehen.

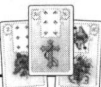
Symbolik: „Eulen nach Athen tragen" ist die sprichwörtliche Umschreibung für eine unsinnige, weil überflüssige Handlung, weil diese Vögel als Begleiter der Weisheitsgöttin Pallas Athene schon längst in Athen waren. Eulen versinnbildlichen die Weisheit innerhalb der Tierwelt, weil sie des nachts, also selbst im Dunkeln, etwas (= die Wahrheit) erkennen können. So wurden diese Vögel zum Symbol für einen enormen Erfahrungsschatz. Sie bewahren alles, auch die Geheimnisse, die sorgsam gehütet werden müssen. Sie schätzen das „Wissen der Nacht".

In der Welt der Märchen waren die Eulen (bzw. die Uhus) die Tiere der Frau Holle, der Weisen unter den Märchengestalten.

Diese Vögel lösen bei vielen Menschen Furcht aus, denn sie wirken oft wie Gespenster. Der Volksmund spricht davon, daß zuviel Wissen „gespenstisch" sei. Wer viel weiß, der steht auf einer höheren Ebene, und auch das ist manchen unheimlich.

Vielen Menschen erscheint der leise Flug dieser Vögel sehr beängstigend. So wurde das etwas kleinere Ebenbild der Eule, das Käuzchen, sogar zum Todesvogel. Alte Höhlenzeichnungen (zum Beispiel Vogelzeichnungen aus der Höhle von Lascaux, um 14000 v. Chr.) beweisen, daß Vögel schon vor vielen Jahrtausenden als Träger der Seele galten.

Bedeutung der Karte

<u>Allgemein:</u> Klugheit und Weisheit. Verborgenes Wissen. Die Notwendigkeit nachzudenken und bewußt zu handeln.

<u>Liebe und Glück:</u> Das Wissen, daß Liebe und Glück auch Leid überwinden müssen, ja, daß erst dadurch jede Liebe gefestigt wird.

<u>Beruf:</u> Lernen für den Beruf. Weiterbildungskurse belegen.

<u>Gesundheit:</u> Über den tieferen Sinn einer Krankheit nachdenken, das eventuell Psychosomatische der Erkrankung erfassen.

<u>Freundschaften und Bindungen:</u> In jeder Begegnung liegt ein doppelter Sinn, der zu ergründen ist, denn Menschen begegnen sich nicht zufällig, weil es einen Zufall nicht gibt.

<u>Gefahren:</u> Sein Wissen zu überschätzen. Geheimnistuerei. Falsche Verschwiegenheit, die zur Verschlagenheit führen kann.

<u>Zusammenfassend:</u> Die Karte des Wissens und des Nachdenkens. Den Mut finden, auch dunkle Ursachen und Gründe in Erfahrung zu bringen. Die Besinnung auf das Wesentliche.

Karte 13: Das Kind – Pikbube

Unter dem Pikbuben sehen wir eine weite, grünende Landschaft und auf einem Weg ein festlich gekleidetes Kind mit einem Blumenstrauß. Die Schleife hinten am Kleid hat die Form der Lemniskate (liegende Acht). Das Kind steht an einer Terrassentreppe, von der drei Stufen zu erkennen sind. Es scheint auf jemanden zu warten, dem es die Blumen überreichen will, vielleicht, um ihn zu beglückwünschen. Es ist früher Morgen, denn das Licht wirkt bläulich, und der Schatten des Kindes ist sehr lang. Die Sonne steht also noch recht tief. Die Farbe Pik verweist auf Seelisches.

Pikbube symbolisiert das Kind, den heranwachsenden Sohn und auch die Tochter. Oft bedeutet diese Karte die Sehnsucht danach, ein Kind zu haben, oder nach der Rückkehr des Kindes (wenn es aus dem Haus gegangen ist). Aber es muß sich nicht um ein Kind im realen Sinn handeln, es kann auch ein Plan, eine Idee, eine Aufgabe gemeint sein, also etwas, das „neu geboren" wird.

 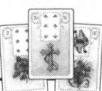

Symbolik: Ein Kind drückt immer die Hoffnung schlechthin aus. Viele Eltern haben den Wunsch, daß ihre Nachkommen mehr erreichen, als sie selbst es je vermochten. Das Kind kennt im Grunde nur die Zukunft, nicht die Vergangenheit. Ihm stehen noch viele Türen offen. Der Glaube, daß das Leben schön sei, das Vertrauen in die Welt sind bei Kindern recht ausgeprägt.

Das Kind auf der Karte – in einem gutbürgerlichen Milieu aufwachsend – befindet sich allerdings bereits in dem Alter, in dem die Schule und damit der Ernst des Lebens begonnen hat.

Kinder sind enorm kreativ. Deswegen steht das Symbol Kind für die noch vor einem liegende Schaffensperiode: Egal, ob es sich dabei um Kunstwerke, Erfindungen oder Bücher handelt.

Die Karte versinnbildlicht weiterhin die Unschuld, das einfache Denken. Ein Kind stellt permanent Fragen und irgendwann fragt es nach dem Sinn des Lebens. Das Bild symbolisiert auch die Tatsache, daß man jede neue Sache pfleglich behandeln muß.

Man muß sich aber auf einen längeren Zeitraum einstellen, bis aus dem Kind (bzw. der Sache, der Angelegenheit) ein erwachsener Mensch (bzw. etwas Erfreuliches) geworden ist. Damit sich etwas Gutes entwickelt, auf das man voller Stolz blicken kann, braucht es Zeit, Liebe und Einsatz.

Bedeutung der Karte

Allgemein: Die Karte der fernen Zukunft; das Projekt, das geplant ist; aber auch das Kind mit seinen Problemen und Schwächen.

Liebe und Glück: Die Liebe, die erst wachsen muß. Das Glück in ferner Zukunft. Daher erst einmal die kurze Freude.

Beruf: Der neue Anfang. Die Lern- und Lehrzeit. Ein erfolgreicher Beginn, der aber so schnell noch keinen Gewinn abwirft.

Gesundheit: Die gesunde Jugend. Die Heilung, die langsam Fortschritte macht. Auch ein Zeichen dafür, daß Geduld gefragt ist.

Freundschaften und Bindungen: Der zögernde Beginn, bei dem sich Menschen von der freundschaftlichen Seite her näherkommen.

Gefahren: Kindliche Naivität. Der Glaube, nun werde schon alles gut. Die Welt mit kindlichen Augen zu sehen.

Zusammenfassend: Die Karte der fernen Zukunft, die jedoch bereits in Umrissen erkennbar ist. Die Mühe, die man sich machen muß, um das Morgen zu gestalten.

Karte 14: Der Fuchs – Kreuz 9

Unter der Kreuz 9 erkennen wir einen Fuchs, der sich an etwas heranschleicht. Seine Ohren sind aufmerksam hochgestellt. Er ist vom Aussehen her seiner Umwelt sehr gut angepaßt. Das Tier befindet sich in zielgerichteter Aktion.

Es ist eine Karte der Realität, und die Zahl 9 deutet darauf hin, daß es etwas Neues für den Fuchs zu tun gibt. Vielleicht will er in ein anderes Revier einbrechen oder seines vergrößern.

Kreuz 9 galt stets als eine Karte mit zwiespältigem Bedeutungsgehalt. Sie ist Symbol für das Bestreben, andere zu übervorteilen, um eine neue Stellung oder eine neue Ausgangsposition zu erreichen. Fällt diese Karte, sind immer Wachsamkeit und Bereitschaft zum Handeln erforderlich.

Symbolik: In den Mythen erscheint der Fuchs nicht nur als Raubtier, sondern auch als Heilbringer – und das, obwohl er die Men-

schen beraubte. Noch heute singen die Kinder vergnügt „Fuchs, du hast die Gans gestohlen".

Der Fuchs kündigte den Beginn des Frühlings an, denn zu dieser Jahreszeit zog er sich in die freie Wildbahn zurück und räuberte nicht mehr auf den Höfen der Landwirte.

Er symbolisierte den kosmisch-tierhaften Instinkt im Menschen. Das Urteil „... der ist aber ein Fuchs!" ist noch heute ein etwas zweischneidiges Lob für einen schlauen Zeitgenossen.

Bei einigen Völkern galt der Fuchs sogar als Geleittier (Schutzpatron) der Seelen, und seine Listigkeit, sein Mut und seine Fähigkeit, in die Zukunft zu blicken, waren besonders geschätzte Eigenschaften. Er handelt überlegt, nie zu schnell, und wenn er auf der Pirsch ist, dann läßt er nicht von seinem Ziel ab. Das löste Bewunderung aus, zumal der Fuchs sich nie kampflos geschlagen gab und er es oft sogar mit stärkeren Tieren aufnahm. Man schrieb ihm Opferbereitschaft zu.

Seine Wachsamkeit ist erstaunlich: Es gelingt kaum, einen Fuchs zu überraschen. Weiterhin schrieb man diesem Tier ein geheimes Wissen zu. All dies hat ihm Anerkennung gebracht, obwohl er den Menschen durchaus Schaden zuzufügen vermag.

Bedeutung der Karte

<u>Allgemein:</u> Die Karte der Schlauheit, der Überlegung, die Karte des Mutes, aber auch die der Doppeldeutigkeit.

<u>Liebe und Glück:</u> Auf der Hut vor einem Nebenbuhler/einer Nebenbuhlerin sein. Glück kann sich als sehr trügerisch erweisen.

<u>Beruf:</u> Intrigen sind im Spiel; jemand will aufsteigen, ohne Rücksicht darauf, was die Kollegen denken.

<u>Gesundheit:</u> Sich auf das geheime Wissen alter, erfahrener Heiler verlassen. Vertrauen zu sich finden.

<u>Freundschaften und Bindungen:</u> Achtgeben, daß unter den Freunden kein „falscher Fuchs" ist. Statt dessen auf gute Ratschläge zuverlässiger Freunde hören.

<u>Gefahren:</u> Das erfolgreiche Spiel mit der Falschheit nicht zum Prinzip werden lassen! Jeder „falsche" Gewinn muß eines Tages doch bezahlt werden. Nicht die Ellenbogen gebrauchen!

<u>Zusammenfassend:</u> Die Karte der Doppeldeutigkeit. Sowohl Gefahr als auch Segen sind im Spiel. Eventuell: Karte der Opferpflicht.

Karte 15: Der Bär – Kreuz 10

Unter der Kreuz 10 erkennen wir einen gewaltigen, braunen Bären, der einen oberhalb der Baumgrenze gelegenen recht steinigen Gipfel erstiegen hat. Das Tier macht aber keinen erschöpften Eindruck, sondern es wirkt immer noch stark und kraftvoll. Es sieht so aus, als habe der Bär etwas ins Visier genommen; was, können wir jedoch nicht erkennen. Man gewinnt fast den Eindruck, als wolle er jemanden davon abhalten, von der anderen Seite her den Gipfel zu erklimmen. Die Farbe Kreuz sagt uns, daß wir es mit einer Karte der Realität zu tun haben.

Kreuz 10 ist die Karte der Herausforderung. Jemand (ein Mann oder eine Frau) will unter allen Umständen einen Gipfel erreichen. Hier sind besonders junge Menschen angesprochen, die ihr hohes Ziel frühzeitig und endgültig verwirklichen wollen. Dabei verlieren sie oft den Sinn für die Realität und gehen manchmal allzu stürmisch vor.

 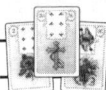
Meist handelt es sich hierbei um Zukunftspläne, die bereits anvisiert wurden, obwohl die Gegenwart noch nicht gemeistert ist.

Symbolik: Der Bär, ein noch stärkeres und gefährlicheres Raubtier als der Fuchs, war sehr geschätzt. Aus dem Orient stammt die Weisheit: „Wo Stärke not tut, naht die Seele in Gestalt eines Bären." Dies bedeutet: Die Kraft liegt in dir, im Innern kannst du so stark sein wie ein Bär.

Das sympathische an diesem Tier, das in Gestalt des Teddybären zum Freund fast aller Kinder dieser Welt wurde, ist auch die Tatsache, daß er nie als Kostverächter galt.

Das Tier scheint gutmütig zu sein, aber es bleibt trotzdem gefährlich. Der Bär besitzt viel Geduld, und was er sich in den Kopf gesetzt hat, muß geschehen, da gibt es kein Wenn und Aber.

Einst hofften die Jäger, sich durch das Umhängen eines Bärenfells Bärenkräfte zuzulegen. Diese Jäger nannte man auch „Bärenhäuter". Trotz seiner Stärke galt das Tier aber auch als empfindsam und verletzlich. Das kommt noch heute in den Redensarten „sich ein dickes Fell zulegen" und „in einer rauhen Schale steckt oft ein weicher Kern" zum Ausdruck.

Einem „bärenhaften" Menschen wird meist Vertrauen entgegengebracht. Er wirkt gemütlich und nachgiebig.

Bedeutung der Karte

<u>Allgemein:</u> Kraft und Stärke, die sich unaufhaltsam entfalten. Bei aller Diplomatie unbeirrt seinen Weg (auf den Berg = auf das Ziel zu) gehen.

<u>Liebe und Glück:</u> Sich mit aller Kraft für seine Liebe und seine Fortune einsetzen – oft ohne Rücksicht auf Verluste.

<u>Beruf:</u> Einsatzfähigkeit und ehrgeizige Ziele, von einem selbst nur oft nicht erkannt.

<u>Gesundheit:</u> Die innere und die äußere Stärke läßt keinen Zweifel über eine enorme Energie aufkommen.

<u>Freundschaften und Bindungen:</u> Auf unser Ja kann der andere vertrauen.

<u>Gefahren:</u> Sich zu überschätzen und die Gegner zu unterschätzen. Ein anderer „Bär", getarnt durch ein Lammfell, könnte daherkommen.

<u>Zusammenfassend:</u> Die Karte der Zuversicht, des Vertrauens in die eigene Kraft. Hilfsbereitschaft, die aber auch den eigenen Interessen dient. Zielgerichtetes Handeln.

Karte 16: Die Sterne – Herz 6

Unter der Herz 6 – also unter der feurigen Farbe der Leidenschaft und der Liebe – sehen wir über einer Landschaft mit See und Gebirge einen hellglitzernden Sternenhimmel. Ein Stern leuchtet besonders intensiv, weswegen die Karte häufig „Der Stern" genannt wird.

Herz 6 bedeutet Aufstieg durch die Kraft der Liebe sowie Aufstieg auf der Himmelsleiter. Das Glück ist zwar noch nicht übermäßig groß, aber es ist zum Greifen nah. Man steht oft so dicht davor, daß man es nicht bemerkt – wie man auch oft den Wald vor lauter Bäumen nicht sieht. In einem solchen Fall muß man auf seine innere Stimme hören und darf sich nicht dazu verleiten lassen, zu träumen.

Symbolik: Neben Sonne und Mond galten die Sterne stets als Beweis göttlicher Schöpferkraft. In der Bibel heißt es: Die Lichter

 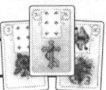

des Himmels geben Zeichen – und zwar, indem Sonne, Mond, Planeten und Sterne laufend ihre Stellung am Firmament verändern. Erst die Sterne ermöglichen es einem, nachts den Himmel zu sehen. Einst hielt man sie für den Sitz der Götter. Besondere Beachtung fand stets der Abend- bzw. der Morgenstern. Dieser Stern stellt für die Menschen ein Hoffnungssymbol dar. Die Astronomen wie Astrologen nennen diesen Stern auch „Venus"; sie wird als Glücksstern angesehen.

Unsere Karte verspricht also Glück – das aber kann trügerisch sein, denn seinen Glücksstern muß man sich „im Labyrinth des Himmels" erst suchen. Dabei kann es passieren, daß man nach dem falschen greift, oder man wird zum Träumen verleitet. Träume sind zwar schön, aber ihnen permanent nachzuhängen ist gefährlich, weil man dadurch den Impuls zum Handeln verliert. Träume sind also auch Schäume – diese Warnung sollte jeder beherzigen, der sich vom Sternenhimmel verzaubern läßt.

Zahlreiche Künstler – sowohl Maler als auch Dichter – ließen sich vom Anblick der Sterne anregen und inspirieren. Sie betrachteten „ihren" Stern als Muse, der sie bereitwillig folgten.

Sterne geben Ruhe, bringen Entspannung, Harmonie und Frieden – man könnte sie auch als „Hüter" unseres Schlafs bezeichnen.

Bedeutung der Karte

Allgemein: Die innere Harmonie, die der Himmel schützt. Das Träumen in der Nacht, die Eingebung, die guten Gedanken.

Liebe und Glück: Der Himmel segnet die Beziehungen zwischen den Menschen, die sich nun gemeinsamen Träumen hingeben.

Beruf: Vorsicht vor Wachträumen; sie können im Beruf sehr schädlich sein. Manchmal auch: Inspirationen für das eigene Werk.

Gesundheit: Auf den Segen des Himmels vertrauen. Die Nacht als wichtige Heilphase betrachten.

Freundschaften und Bindungen: Das Glück mit lieben Menschen. In vertrauter abendlicher Runde sich des Lebens freuen.

Gefahren: Die Gunst der Stunde zu verschlafen. Vor lauter Wünschen nicht zum Handeln zu kommen. Sich in Träume zu retten.

Zusammenfassend: Harmonie in sich aufnehmen und recht lange bewahren, aber nicht in der träumerischen Stimmung (auch Liebesstimmung) versinken.

Karte 17: Die Störche – Herzdame

Wir sehen ein Storchenpaar, das seine Jungen füttert. Einer der Vögel befindet sich gerade wieder im Abflug, um neue Nahrung zu holen, der andere bewacht die Brut. Es herrscht sommerliches Wetter. Die Farbe Herz deutet darauf hin, daß es sich um eine Karte der Liebe, der Leidenschaft handelt.

Herzdame: Sie symbolisiert in diesem Kartendeck nicht die Dame des Herzens, es sei denn, man entscheidet sich vorher für diese Bedeutung. Aber sie ist eine Liebende, eine Herzkönigin; und für Künstler oft die Muse, die inspirierende Frau, die für Förderung sorgt, und die Frau, die sich hingibt. Weibliche Großzügigkeit ist hier zu sehen – und auch eine gewisse Autorität, da sich die Herzdame auch kämpferisch für Gerechtigkeit einsetzt.

Symbolik: Einst war der Storch nicht ausschließlich Symbol für Nachwuchs, sondern ursprünglich verkörperte er die erdgebun-

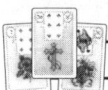

dene Weiblichkeit. Am Wasser oder am Sumpf lebend, war er bekannt für die liebevolle Fürsorge, die er seinen eigenen Jungen angedeihen ließ. Dem Volksmund nach und in den deutschen Märchen bringt der Storch die Kinder: Adebar – auch Odebar – holt die Neugeborenen aus dem Sumpf, bzw. aus dem geheimnisvollen Brunnen der Frau Holle. Frau Holle galt als Ursprungsgottheit (eine Gottheit, die an der Erschaffung der Welt beteiligt war) und war immer doppelgeschlechtlich, also sowohl weiblich wie auch männlich. Daher konnte sie Kinder zeugen und gebären. In Afrika galt der Storchenvogel – der Ibis – sogar als heilig, weil er gewisse Naturereignisse (beispielsweise die Überflutung des Niltals) ankündigte, also quasi die Gesetze der Zeit beherrschte. Deshalb wird auch der ägyptische Mondgott Thoth, der Berechner der Mondphasen und des Mondumlaufs sowie der Erfinder der Schreib- und Redekunst, mit einem Ibiskopf dargestellt.

Allgemein gelten Störche immer noch als Lebensbeschützer, weswegen sich heute noch viele Hausbesitzer auf dem Lande freuen, wenn sich ein Storchenpärchen auf ihrem Dach niederläßt. Vor allem die „kleinen Leute" betrachteten sie als Glücksbringer, da sich diese Vögel höchst selten auf einem Schloß oder auf einer Burg heimisch fühlen.

Bedeutung der Karte

<u>Allgemein:</u> Eine Karte des Glücks, der Liebe, des Wohlbefindens. Alles, was kommt, muß pfleglich behandelt werden.

<u>Liebe und Glück:</u> Im Augenblick gelingt alles, wobei nur nicht vergessen werden darf, auch an die Zukunft zu denken.

<u>Beruf:</u> Das Glück in der Liebe wirkt sich positiv auf die Arbeit aus; auch wird man dort von weiblichen Personen gefördert.

<u>Gesundheit:</u> Die Gesundheit ist gut, überstandene Krankheiten können als ausgeheilt betrachtet werden. Trotzdem ist Vorsorge besser.

<u>Freundschaften und Bindungen:</u> Die besten Voraussetzungen, um gute Beziehungen und Begegnungen zu festigen.

<u>Gefahren:</u> Gefahren sind im Moment nicht zu erkennen; aber bloß nicht annehmen, daß das Glück wie selbstverständlich für immer anhält!

<u>Zusammenfassend:</u> Eine Karte, die zeigt, daß man auf allen Wegen gut vorankommt, daß das innere Glück den Menschen hilft, den Alltag besser zu meistern.

 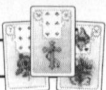

Karte 18: Der Hund – Herz 10

Unter der Herz 10 erblicken wir einen im Verhältnis zur Umgebung riesigen Hund. Er ist für die Hütte viel zu groß; auch alles andere um ihn herum wirkt klein. Deutlicher kann nicht dargestellt werden, daß wir es hier mit einem Symbol zu tun haben. Der Hund liegt an einer Grundstücksmauer, hinter der eine Stadtburg zu sehen ist.
Auch diese Karte ist eine Herzkarte und zeigt somit Leidenschaft an.

Herz 10: Die Herz 10 steht für eine gute Nachricht, die meist eine Einladung beinhaltet: zu einem Stelldichein oder zu einer erfreulichen Geschäftsbesprechung. Diese Aufforderung oder Mitteilung versetzt das Herz in Aufregung. Häufig kommt die Einladung von einem guten Freund, der treu und zuverlässig ist. Oft geschieht auch ein Wunder, an das niemand mehr so recht geglaubt hat.

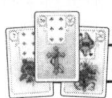 

Symbolik: Der Hund – der vom Wolf abstammt – galt stets als Hüter von Schätzen und als Hüter der Unterwelt. Die meisten Schätze, die von den Hunden des Hades (griechischer Herr der Unterwelt) bewacht wurden, lagen tief in der Erde. Bei den Römern hieß der Gott der Unterwelt Pluto, und Pluto ist heute noch ein beliebter Hundename. Hades/Pluto hatte oft eine Tarnkappe auf, um seine Ziele leichter zu erreichen. Ähnlich „getarnt" mag mancher Hund erscheinen: Er geht urplötzlich zum Angriff über, auch wenn er gerade eben noch so lieb mit einem Kind herumgespielt hat. Deswegen hält man (fast) jeden Hund für unberechenbar. Das Raubtier in ihm vergißt nie, daß es einmal von den Menschen domestiziert, also zum Untertan gemacht wurde. Einst galt auch der Spruch: Jeder Hund – auch der gutherzigste – ist und bleibt ein Tier des Teufels! In Goethes Faust entpuppt sich ein Hund als Mephisto: „... das also ist des Pudels Kern!"
Der Hund gilt als Symbol der Macht. Mächtige umgeben sich gerne mit einem Rudel Hunde, sicher auch, um sich so beschützt zu fühlen. Bei der vorliegenden Karte haben wir es jedoch mit der Farbe Herz zu tun, also wird sich dieser Riese von Hund eher als freundlich und als Helfer erweisen.

Bedeutung der Karte

<u>Allgemein:</u> Der Beschützer, der aber zusieht, daß seine eigenen Bedürfnisse nicht zu kurz kommen.

<u>Liebe und Glück:</u> Der Hüter des Glücks – auch manch heimlicher Liebe – der aber selbst um sein Glück kämpft.

<u>Beruf:</u> Der Förderer im Beruf, der die Weichen für einen Aufstieg stellt, dafür aber stets Dankbarkeit erwartet.

<u>Gesundheit:</u> Bei Erkrankungen Helfer, die sich oft etwas diktatorisch zeigen. Werden ihre Ratschläge nicht befolgt, dann brechen diese Personen die Behandlung ab.

<u>Freundschaften und Bindungen:</u> Helfer aus dem Freundeskreis, die aber Wert darauf legen, daß man sie nicht übersieht. Auch sie brauchen Lob.

<u>Gefahren:</u> Gefahren, die man nicht sieht, die im verborgenen lauern. Auch in Menschen, die einem scheinbar wohlgesonnen sind.

<u>Zusammenfassend:</u> Eine etwas zwiespältige Karte, wobei das Positive überwiegt. Undankbarkeit zieht allerdings Gefahren nach sich, auf die man nicht vorbereitet ist.

 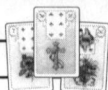

Karte 19: Der Turm – Pik 6

Unter der Pik 6 erblicken wir einen Turm mit einem Pyramiden-dach. Es herrscht Sommerwetter. Der Turm steht an einer Brücke und ist mit dem Tor der Stadt, die man im Hintergrund sieht, ver-bunden. Der Graben vor der Stadtmauer ist recht tief, scheinbar aber nicht mit Wasser gefüllt. Alles macht einen friedlichen Ein-druck. Pik weist auf ein eher seelisch ausgerichtetes Symbol hin.

Pik 6: Die alte Bedeutung dieser Karte lautet: die Ruhe in der all-gemeinen Unruhe. Oft steht nach einem Rückschlag eine Ent-scheidung an, die das Leben gewaltig verändern kann. Hierfür ist Stille notwendig. Sie fehlt jedoch in Zeiten der Überlastung; man hat das zermürbende Gefühl, sich im Kreise zu drehen.

Symbolik: Der Turm ist das Symbol für die Abgeschiedenheit, und zwar in mehrfacher Weise. In einen Turm warf man früher Männer, die Verbrechen begangen hatten, und Frauen, die als

 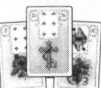

Hexen angeklagt waren. Folgen wir den alten Sagen, so wohnten in Türmen sowohl weise Frauen und Männer als auch Philosophen und Denker. Der Turm war zugleich Beobachtungs- und Wachposten sowie Aufbewahrungsort. Außer Gefangenen wurden hier auch Jungfrauen festgehalten, damit sie ihren späteren Männern unberührt übergeben werden konnten.

Aber im Turm bekamen arme Bürger auch einmal am Tag ein warmes Essen; als Gegenleistung mußten sie den Unrat beseitigen. Im Turm traf sich im Grunde die ganze Welt – vom Ritter bis zum Bettler –, und doch galt er immer als Ort der Geheimnisse. Diese Geheimnisse zogen an, lösten aber auch Ängste aus.

Der Turm zwingt zur Sicht nach innen und nach außen. Hier wurden Menschen festgehalten, damit sie Rechenschaft ablegen sollten. Aber von hier aus schaute man stets auch in die weite Ferne, um festzustellen, ob sich Freund oder Feind näherte.

Der erste berühmte Turm war der von Babylon. Er wurde erbaut, damit die Menschen den Göttern nahe sein konnten. Einer der Räume war den Gottheiten geweiht und durfte von Sterblichen – mit Ausnahme einiger Hohepriester – nie betreten werden.

Bedeutung der Karte

<u>Allgemein:</u> Das Geheimnisvolle, das Verborgene. Der Hort der Stille. Der Ort der Bilanz und der Selbstbeobachtung.

<u>Liebe und Glück:</u> Die Liebe, die – von Geheimnissen umwittert – im stillen blüht. Das Glück, das im verborgenen genossen wird.

<u>Beruf:</u> In der Zurückgezogenheit arbeiten. Geheime Erfindungen. Die Erprobung von Dingen, die noch nicht reif sind, veröffentlicht zu werden.

<u>Gesundheit:</u> Versteckte Krankheiten, die noch nicht erkennbar sind, drohen auszubrechen. Gefährliche Infektionen.

<u>Freundschaften und Bindungen:</u> Die geheimen Helfer, in der Symbolik auch unsere Schutzgeister. Die Hilfe von jemandem, der sich im Hintergrund hält.

<u>Gefahren:</u> Intrigen, die das Leben zerstören. Gefangenschaft. Geheime Verschwörungen. Üble Nachrede, die viel Schaden anrichtet. Aber auch Verschwiegenheit zur falschen Zeit.

<u>Zusammenfassend:</u> Die Zurückgezogenheit – ob freiwillig oder erzwungen. Einsamkeit. Arbeit im geheimen. Gebot der Wachsamkeit. Sich keine Blöße geben. Die Hinwendung zur Meditation.

Karte 20: Der Garten – Pik 8

Unter Pik 8 erblicken wir einen herrlichen, imposanten und sehr gepflegten Garten. Ein Weg führt zu einer Terrasse. Alle Pflanzen sind von Gärtnern beschnitten worden. Der Garten paßt hervorragend in die Landschaft, an die er grenzt. Blumen blühen neben exotischen Pflanzen. Alles wirkt wie ein kleines Paradies, in das nicht jeder hineinkommt. Es ist ein Ort, von dem die meisten Menschen nur träumen.

Die Farbe Pik verweist auf eher seelisch ausgerichtete Symbole.

Pik 8: Sie ist seit jeher die Karte der Zufriedenheit. Hier sind all die Menschen angesprochen, die sich Erholung gönnen möchten. Pik 8 verkörpert die innere Stille, die nicht zu Einsamkeit, sondern zu Regeneration führt. Der Sinn für Schönheit ist sehr ausgeprägt, wie auch das Bedürfnis, den eher kleinen Kreis zu finden, wo jeder die Sprache spricht, an der sich Gleichgesinnte erkennen.

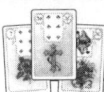
Symbolik: Der künstlich angelegte Garten sollte immer ein Paradies, ein kleines Refugium darstellen. In der Bibel stand der Garten Eden zunächst allen Lebewesen offen; nachdem Adam und Eva aus dem Paradies vertrieben worden waren, schufen sich ihre Nachkommen kleine Paradiese, die aber nicht mehr für jedermann zugänglich waren. Wer in solch ein Refugium hineindurfte, der gehörte zum Kern einer Gemeinschaft. Das Paradies auf Erden zu erlangen, das war und ist das Bestreben der Menschen in aller Welt. Aber nur den wenigsten wird „die Tür aufgeschlossen".

Auch wird um die Paradiese (ob sie nun materieller oder eher geistiger Natur sind) stets gekämpft! Ein blühender, von außen nicht zugänglicher Garten zieht neidvolle Blicke auf sich. Jeder Garten – wie auch jeder, der sich darin aufhält – ist folglich gefährdet. Mißgunst und böse Wünsche können dann üble Folgen haben. Also heißt es, sein eigenes Paradies zu hüten – niemand sollte so leichtsinnig sein wie Adam und Eva, die das Paradies einer kleinen Verlockung wegen verloren haben.

Bedeutung der Karte

<u>Allgemein:</u> Der Lohn für etwas und die Freude, es geschafft zu haben. Endlich gehört man zur großen Welt, hat sich die Eintrittskarte erworben.

<u>Liebe und Glück:</u> Das Glück ist gefestigt. Das eigene Heim für die Liebe ist geschaffen. Zuversicht steht im Vordergrund.

<u>Beruf:</u> Es ist geschafft. Man sitzt in der obersten Etage. Das Berufsziel ist erreicht oder denkbar nahe.

<u>Gesundheit:</u> Erholung nach der Erkrankung; in einem guten Sanatorium kann die Nachbehandlung erfolgen. Die Umwelt heilt. Und die eigenen Kräfte verstärken sich.

<u>Freundschaften und Bindungen:</u> Die Freunde kommen gerne und verweilen lange in der schönen Umgebung. Bindungen können gefestigt und Freundschaften gepflegt werden.

<u>Gefahren:</u> Sich auszuschließen, sich abzuschotten. Aus Egoismus die Nöte der Umwelt nicht mehr aufzunehmen und zu begreifen.

<u>Zusammenfassend:</u> Eine Karte des fast erreichten Lebenszieles. Alles, was man will, ist nun greifbar. Die Insel, das Glück ist angesteuert. Es geht nur noch darum, das Glück zu bewahren.

Karte 21: Der Berg – Kreuz 8

Unter der Kreuz 8 erblicken wir einen riesigen schneebedeckten Berg, der weit über die Baumgrenze und das saftige Grün der Almen hinausreicht. Er verdeckt die Sicht auf den Horizont. Man hat das Gefühl, daß hinter ihm eine fremde, uns noch unbekannte Welt beginnt.

Die Farbe Kreuz verweist darauf, daß wir es mit einer eher realitätsbezogenen Karte zu tun haben und daß das Ersteigen des Berges wohl schwer und anstrengend sein wird.

Kreuz 8 war stets Symbol für ein (in diesem Fall sehr hoch gestecktes) Ziel, das man anstrebt. Es muß dabei nicht unbedingt auf dem Gipfel liegen, sondern wahrscheinlich befindet es sich sogar hinter dem Berg. Habe ich die Spitze aber erst einmal erklommen, so sehe ich das Ziel! Kreuz 8 besagt also: Das Ziel ist greifbar nahe, wenn auch noch unsichtbar; und nur, wer sich zu seinem hohen Ziel wirklich berufen fühlt, sollte den (gefährli-

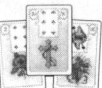

chen) Aufstieg wagen. Dieses Symbol kann uns außerdem ankündigen, daß wir die Leiden des Ersteigens zu ertragen haben.

Symbolik: Der Berg galt in den alten Mythen immer als Sitz der Ahnen, die uns ein Leben lang beobachtend begleiten. Erst wenn wir unser Ziel erreicht, also den Berg „erobert" haben, ziehen sie sich von den Gipfeln zurück.

Der Berg ist jedoch auch der Ort, wo Gebote entstehen. Als Moses vom Berg Sinai herunterkam, brachte er zwei Gesetzestafeln mit, auf denen je fünf Gebote eingemeißelt waren. In den griechischen Mythen gingen die Könige – so zum Beispiel König Minos – alle neun Jahre auf den heiligen Berg Dikti, um sich Gesetze bestätigen zu lassen.

Weiterhin wohnt im Berg meist „ein alter, bedeutender Mann": wie der sagenumwobene Barbarossa im Kyffhäuser oder Rübezahl im Riesengebirge.

Auch sind Berge Sitz der Dämonen und Götter. Die indischen Gottheiten beispielsweise lebten auf dem Himalaja.

Die riesigen Gebirge dieser Welt bilden zusammen mit den Weltmeeren das schöpferische Kreuz der Erde: Die Berge stellen die senkrechte, die Weltmeere die waagerechte Linie dar.

Der Berg ruft, er lockt und fordert den Ehrgeizigen heraus!

Bedeutung der Karte

<u>Allgemein:</u> Das Ziel, das man sich selbst gesteckt hat und das noch erreicht werden muß. Eine große Aufgabe ist zu erfüllen.

<u>Liebe und Glück:</u> Die Liebe „liegt noch in den Sternen". Um sie zu erlangen und zu bewahren, sind große Anstrengungen notwendig.

<u>Beruf:</u> Die wahre Aufgabe ist nun gestellt, aber noch nicht erfüllt. Ein Aufstieg lockt, aber der Weg nach oben ist schwer.

<u>Gesundheit:</u> Sich großen Anstrengungen nur unterziehen, wenn die seelischen und die körperlichen Kräfte dies zulassen.

<u>Freundschaften und Bindungen:</u> Freundschaften erfordern gemeinsame Anstrengungen. Eine gute Teamarbeit scheint nötig.

<u>Gefahren:</u> Sich zuviel aufzuladen. Der Wunsch, „hinter dem Berg" ein neues (Aussteiger-)Leben zu beginnen. Die eigenen Grenzen einhalten!

<u>Zusammenfassend:</u> Die Karte der eigenen Berufung. Dem inneren Ruf folgen. Dabei aber seine Kräfte vorher ausloten.

 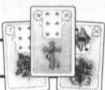

Karte 22: Die Wege – Karodame

Unter der Karodame sehen wir eine Frühlings- oder Sommerlandschaft mit auffallend vielen Wegen. Da die Farbe Karo auf ein gedankliches Element hinweist, soll die Karte wohl zeigen, welche wir einschlagen können oder sollen. Im Vordergrund erblicken wir eine Gabelung mit einem unbeschriebenen Wegweiser. Zudem ist noch eine Brücke zu erkennen, über die auch ein Weg führt. Weiterhin ein Wasserweg: ein Fluß oder Kanal, der in einen See mündet. Luftwege sind auch nicht ausgeschlossen.

Karodame steht für die Frau, die uns neue Wege weist. Diese Karte symbolisiert eine Freundin, die uns fördert, die unsere Arbeiten wohlwollend kritisiert und verbessert. Die Karodame ist sehr erfolgreich und verfügt über die besten Verbindungen. Eine Frau mit Energie und guten Gedanken, die aber nicht mit der Herzdame verwechselt werden sollte. Die Überlegenheit der Karodame erwächst aus der Kühle des Verstandes.

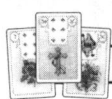
Diese Karte verlockt dazu, neue Wege zu gehen, und von daher kann die Sympathie für eine fördernde Freundin manchmal auch gefährlich sein.

Symbolik: Wegkreuzungen waren stets Symbol für schicksalsträchtige Entscheidungen. Gerade wenn sich viele Möglichkeiten bieten, kommt es auf den richtigen Entschluß an.

Der Wegweiser auf der Karte ist unbeschrieben, man muß also sein eigenes Inneres entscheiden lassen, welcher Weg der (vermeintlich) richtige ist. Die Frage nach dem richtigen Pfad für das eigene Leben beschäftigte die Menschen seit alters her. Neue Wege zu gehen heißt meist, ein altes Tabu überwinden. Manche Wege bedeuten einen Umweg – doch dieser kann mitunter sogar schneller zum Ziel führen als ein direkter Weg.

Sich seinen Weg selbst suchen, um ihn dann konsequent zu gehen, heißt stets, daß man sich nicht von fatalistischen Gedanken leiten läßt, sondern den Verlauf seiner „Lebensstraße" eigenverantwortlich bestimmt. Jede Kreuzung kann einen Wendepunkt im Leben darstellen, uns in neue Richtungen lenken!

Bei diesem Kartensymbol ist also der einzelne ganz besonders gefordert. Hier kommt es allein auf seine Überlegungen, auf seine Entscheidungen an! Diese müssen dann umgesetzt werden.

Bedeutung der Karte

<u>Allgemein:</u> Die Karte der Entscheidung, des ganz persönlichen Entschlusses. Es darf nicht zuviel auf andere gehört werden.

<u>Liebe und Glück:</u> Die Liebe mag an einem Wendepunkt angelangt sein. Ein neues Glück winkt, das auf neue Wege führt.

<u>Beruf:</u> Eine Entscheidung steht an. Ein Angebot will gut überlegt sein.

<u>Gesundheit:</u> Vielleicht steht ein Arztwechsel bevor, vielleicht wird eine Therapie völlig neu konzipiert.

<u>Freundschaften und Bindungen:</u> Alte Freunde gehen oder kommen wieder. Ein Wechsel der Bindungen ist wahrscheinlich.

<u>Gefahren:</u> Die Möglichkeit, viele verschiedene Wege gehen zu können, erschwert die klare Entscheidung, die getroffen werden muß.

<u>Zusammenfassend:</u> Es geht um die Wahl des für die Zukunft wichtigen und richtigen Weges. Sicher nicht leicht, da die Verlockungen aus allen Richtungen kommen.

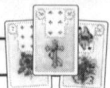

Karte 23: Die Mäuse – Kreuz 7

Unter der Kreuz 7 sehen wir in einem hohen Kellergewölbe sieben Mäuse an einem schon sehr zusammengeschrumpften Vorratshaufen nagen. Die Karte wird oft auch „Die Ratten" genannt, was sicher richtiger ist. Die Tiere fressen gierig und ungestört, eine Falle ist nirgendwo zu erkennen, was darauf schließen läßt, daß niemand die Anwesenheit der Mäuse oder Ratten überhaupt zur Kenntnis genommen hat. Die Farbe Kreuz weist darauf hin, daß es sich um eine eher reale Situation handelt.

Kreuz 7 galt schon immer als *die* Unglückskarte. Aber eigentlich warnt sie eher vor einem herannahenden Unglück. Dem zu entgehen ist nur möglich, wenn man etwas dagegen unternimmt.
Die Aussage der Kreuz 7 wurde stets mit dem angeblichen Unglücksplaneten Saturn in Zusammenhang gebracht, weil man glaubte, daß der entfernteste der fünf mit bloßem Auge sichtbaren Planeten das Unglück auf die Erde bringen werde.

Symbolik: Die Mäuse und Ratten nagen im Dunkeln. Unbemerkt fressen sie sich an den für die Zukunft angelegten Vorräten voll. Das deutet auf kommende Verluste hin. Diese Nagetiere waren stets ein Symbol der Nacht, eben weil sie im Dunkeln ihren Schaden anrichten. Dieser ist für die Menschen oft so groß, daß er den Hungerstod zur Folge haben kann. Jeder kennt den Ausdruck „mausetot", der eine Beziehung der Mäuse zum Tod aufzeigt.

Wer von Mäusen oder Ratten träumt, der macht sich im Unterbewußtsein große Sorgen, die ihn nicht ruhig schlafen lassen (man sagt auch oft: „Das nagt an meiner Substanz").

Gleichzeitig galten Ratten stets als besonders schlaue und lebenstüchtige Tiere. Die Redewendung „Die Ratten verlassen das sinkende Schiff" belegt dies ganz deutlich. Die Ratte kam als erste, als Buddha alle Tiere zu sich rief. Zur Belohnung führt sie seitdem den Reigen der chinesischen Sternenjahre an. Daher, und weil sie vor kommendem Unheil warnen, gelten die Ratten für viele Asiaten als Glücksbringer. Sie erfreuen sich der gleichen Wertschätzung wie das andere glücksbringende Tier, der Elefant. Das Jahr der Ratte gilt nach wie vor als das fruchtbarste Jahr. Andererseits wurde der Begriff „Ratte" zum Schimpfwort für Verräter und Feiglinge. Hier treffen also „Gut" und „Böse" zusammen.

Bedeutung der Karte

<u>Allgemein:</u> Eine deutliche Warnung wird durch diese Karte ausgesprochen. Vorsicht: Gefahr ist im Verzug! Werde hellhörig!

<u>Liebe und Glück:</u> Liebe und Glück sind gefährdet. Die Gefahr erkennt man jedoch nicht. Sie kommt aus dem Dunkeln.

<u>Beruf:</u> Man muß mit heimlichen Intrigen rechnen. Versprechungen werden nicht eingehalten. Vielleicht droht sogar eine plötzliche Entlassung.

<u>Gesundheit:</u> Eine noch verborgene Schädigung könnte bald sichtbar werden. Vorsorgemaßnahmen wären angebracht.

<u>Freundschaften und Bindungen:</u> Gefahr durch falsche Freunde, die das Blaue vom Himmel versprechen, aber nur die eigenen Vorteile sehen.

<u>Gefahren:</u> Vorsicht ist jetzt angebracht. Nicht übermütig werden. Man will die Realitäten einfach nicht sehen.

<u>Zusammenfassend:</u> Eine Karte, die vor unheimlichen Ereignissen und vor Gefahren warnt. Intrigen sind mit im Spiel. Höchste Wachsamkeit ist geboten.

Karte 24: Das Herz – Herzbube

Unter dem Herzbuben erkennen wir ein wohlgeformtes rotes
Herz, das von drei leuchtenden Blumen bekrönt wird. Die Farben
der Rosen sind Gelb, Rot und Weiß. Gelb steht für die Hoffnung
der Jugend, Rot für die Erfüllung des Herzenswunsches und Weiß
für die Abgeklärtheit des Herzens.
Das Herz ist zusätzlich mit einem diagonal verlaufenden weiß-
blauen Band hübsch geschmückt.
Die Farbe Herz erzählt von Liebe, Leidenschaft und Feuer.

Herzbube: Meist ein junger Mann, der sehr eifrig seine Lebens-
aufgaben bewältigen will, um sich dann seine Herzenswünsche
erfüllen zu können. Dabei steht die Liebe im Vordergrund. Die
Symbolik besagt ferner, daß sich dieser junge Mann sehr häufig
verliebt, daß also Treue nicht gerade seine Stärke ist. Doch diese
Karte versinnbildlicht auch den Mut, den Optimismus, sie ist also
durchaus positiv zu sehen. Das Herz vermag den Herzbuben so

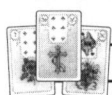
zu beflügeln, daß alle es als Glück empfinden, wenn er mit seinem Charme die Lebensbühne betritt.

Symbolik: Das Herz wurde stets als der Sitz des Lebensfeuers angesehen. Es symbolisiert die Sonne im Menschen. Wenn das Herz aufhört zu schlagen, dann hört der Mensch auf zu leben. Aber hier schlägt das Herz noch voller Kraft.

Schon die alten Ägypter wußten, daß derjenige, der das Herz eines anderen besitzt, damit dessen Leben beherrscht. Dies gilt besonders für die Liebe in der Partnerschaft.

Saint-Exupéry, der große französische Dichter, hat einmal geschrieben: „... man sieht nur mit dem Herzen gut ...". Aber man sieht nicht nur mit dem Herzen gut – wenn man dessen Stimme vertraut, dann denkt, handelt und lebt man auch gut.

Herzenswünsche sollten die wichtigsten Wünsche sein, deren Erfüllung wir anstreben; Wünsche, die lediglich vom Kopf her entstehen, haben demgegenüber zu verblassen, sie sind unwichtig. In einem Grimmschen Märchen heißt es: „Wer das Herz eines anderen ißt, der wird neu belebt und nimmt die Wesenheit des anderen auf." Die Mayas brachten Herzopfer dar, um den Lauf der Sonne dadurch in Gang zu halten. Für sie waren Herz und Sonne ein Symbol für Leben.

Bedeutung der Karte

<u>Allgemein:</u> Das Glück des Herzens, welches das Leben tausendfach beflügelt und uns hohe Ziele anstreben und erreichen läßt.

<u>Liebe und Glück:</u> Das Glück in der Liebe schlechthin. Es kann flüchtig sein, was jedoch das Glück des Augenblicks nicht schmälert.

<u>Beruf:</u> Eine Herzensbindung, die in den Beruf hineingreift, so daß Gefährdungen eintreten oder Förderungen möglich sein können.

<u>Gesundheit:</u> Die Liebe heilt wie nichts anderes sonst; das kann hier der Fall sein und eine Heilung mit herbeiführen.

<u>Freundschaften und Bindungen:</u> Die Liebe vermag eine Freundschaft so zu verwandeln, daß aus Freunden Liebende werden.

<u>Gefahren:</u> Das Herz kann eigentlich nie eine Gefahr darstellen, es sei denn, das Herz spielt falsch.

<u>Zusammenfassend:</u> Das Glück des Herzens greift in alle Lebensbereiche über, aber man muß abwägen, wo es hilft und wo es fehl am Platz ist.

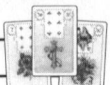
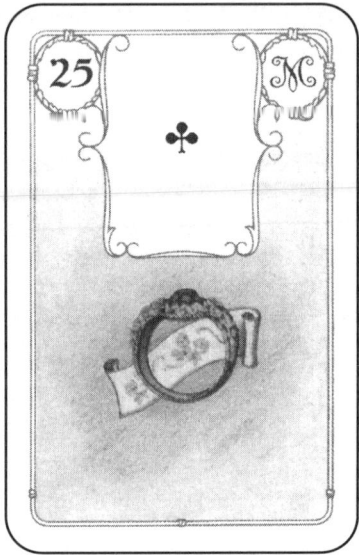

Karte 25: Der Ring – Kreuzas

Unter dem Kreuzas, das auf eine eher reale Bedeutung hinweist, sehen wir einen goldenen Ring, den ein herrlicher rubinroter Edelstein in schöner, prunkvoller Fassung ziert. Hinter dem Ring erkennen wir ein mit Blumenmuster geschmücktes kleines Band.

Kreuzas ist die Karte der Begabungen, die den Alltag krönen. Sie symbolisiert die Aufgaben, die man freiwillig auf sich nimmt und mit Elan erfüllt. Es ist ferner die Karte der inneren Verpflichtungen, um die kein Mensch herumkommt. Die Nebenkarten zeigen an, um welche Art von Pflichten und Begabungen es sich hierbei handelt. Kreuzas weist außerdem auf vitale Energie und damit auf die Möglichkeit eines hohen Krafteinsatzes hin.

Symbolik: Der Ursprung des Ringes liegt in uralten heiligen Riten. Die ersten, die Ringe trugen, waren Priester. Sie wollten damit ihren Bund mit den Gottheiten kundtun. Die Form des Ringes ent-

 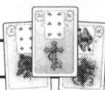

wickelte sich aus der Form der Sonne und des Vollmondes. Auch heute noch ist der Bischofs- wie der Papstring ein besonderes Hoheitssymbol, das seinen Träger bei Kirchenfesten schmückt.

Der Ring ist ein Zeichen der Verbundenheit mit dem Kosmos, ein Symbol des ewigen Lebens: Alles vergeht, aber alles kommt wieder; ein ewiger Zyklus aus Werden und Sterben.

Die Ringe der Priester wurden auch „Eidringe" genannt und versinnbildlichten die Verbindung des Trägers mit den mythischen Kräften und den schöpferischen Energien des Alls. Eine ähnliche Bedeutung hatten die reich geschmückten Gürtel. Sie sollten zeigen, daß sich der gesamte Mensch in den Kosmos eingebunden fühlte. Wäre es lediglich darum gegangen, die Hose am Herunterrutschen zu hindern, hätte ein Strick genügt. Noch heute wird auf schöne Gürtel, und dabei insbesondere auf eindrucksvolle Gürtelschnallen, großer Wert gelegt – und das, obwohl nur die wenigsten diese alte Bedeutung kennen. Vor Urzeiten waren die Menschen jedoch der festen Überzeugung, daß Ringe wie Gürtel Kräfte des Himmels wachrufen könnten.

Der Ring als Verlobungs- oder als Trauring ist ein Zeichen tiefer Verbundenheit. Der Ehering wird ständig getragen – ebenso wie die Priester ihren heiligen Ring nie ablegten.

Bedeutung der Karte

<u>Allgemein:</u> Ausdruck einer festen Verbundenheit. Die Nachbarkarten entscheiden, mit wem; oder sie sagen aus, von wem man sich lösen will.

<u>Liebe und Glück:</u> Das Glück wird und muß festgehalten werden; es stellt sich die Frage, ob der Ring vom Partner noch getragen wird.

<u>Beruf:</u> Eine feste, treue Verbindung, aber auch die Möglichkeit, daß diese Verbindung gelöst wird.

<u>Gesundheit:</u> Eine Bindung, die Vertrauen schafft. Gutes Verhältnis zu den Heilern und Helfern.

<u>Freundschaften und Bindungen:</u> Freundschaften festigen sich durch den Freundschaftsring; beim Bruch der Bindung sollte er zurückgegeben werden.

<u>Gefahren:</u> Eine Bindung, die nicht mehr hält, die aber aus Feigheit nicht aufgekündigt wird, obwohl dies nötig wäre. Ausnutzen einer Bindung.

<u>Zusammenfassend:</u> Die Bindung auf den inneren und äußeren Wert hin prüfen. Alte Bindungen erneuern, neue Bindungen festigen.

Karte 26: Das Buch – Karo 10

Unter der Karo 10 sehen wir ein großes Buch. Wir wissen nicht, ob es sich um eine Dokumentensammlung handelt, ob dieses Buch vielleicht ein religiöses Werk ist, oder ob es sogar etwas Geheimnisvolles zum Inhalt hat. Der dicke Band könnte alchimistisches Wissen oder sogar okkulte Erfahrungen enthalten. Daß das Buch jedoch besonderen Inhalts ist, zeigen die schönen Aufmachung und daß es abschließbar ist! Den Einband schmückt ein reichverziertes Kreuz. Drei Lesezeichen in verschiedenen Farben schauen heraus. Wir können also annehmen, daß dieses Buch häufig als Nachschlagewerk benutzt wird.

Da wir es hier mit der Farbe Karo zu tun haben, handelt es sich folglich um ein eher geistig ausgerichtetes Symbol.

Karo 10 verweist auf das Glück, das meist nicht wahrgenommen wird, weil die Wünsche über die Möglichkeiten hinausgehen. Wer das kleine Glück nicht sieht – so sprach einst ein Dichter –, der

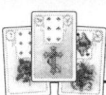 

wird das große Glück nicht finden. Und wenn er es finden sollte, wird er es sehr schnell wieder verlieren. Wenn man glücklich ist, muß man mit Angriffen von Neidern rechnen, daher verbirgt man das Glück so gern. Zum persönlichen Glück trägt auch die Kenntnis geheimen Wissens bei, denn dieses läßt uns unsere Mitte finden.

Symbolik: Das Buch galt schon immer als die Ansammlung von Wissen. „Was du schwarz auf weiß besitzt, kannst du getrost nach Hause tragen!"

Einst wurde das geheime Wissen nur mündlich weitergegeben, damit es allen Uneingeweihten verborgen blieb. Später verwahrte man die Papyrusrollen mit schriftlich festgehaltenen Erkenntnissen in verschließbaren Kästchen, die in geheimen Kammern sicher versteckt wurden.

So sind beispielsweise die sibyllinischen Bücher im Vatikan immer noch eingeschlossen und für niemanden zugänglich.

Mit Erfindung des Buchdrucks aber kam ziemlich bald jedes Buch auf den Markt. Denn eines hatten die Menschen sehr schnell begriffen: daß nämlich Wissen gleich Macht ist! Und Wissen erlangt man auch heute noch überwiegend aus Büchern.

Bedeutung der Karte

<u>Allgemein:</u> Besonderes Wissen schafft gute Voraussetzungen, damit man seinen Lebensweg erfolgreich weitergehen kann.

<u>Liebe und Glück:</u> Die geheime und verborgene Liebe schafft Probleme, weil das Glück nicht gezeigt werden darf.

<u>Beruf:</u> Wenn der Kreis der Mitwisser zu groß ist, besteht die Gefahr, daß berufliches Wissen verraten wird.

<u>Gesundheit:</u> Oft hilft aus früheren Zeiten überliefertes Wissen, um Krankheiten doch noch zu heilen.

<u>Freundschaften und Bindungen:</u> Eine geheimnisvolle Vereinigung entsteht, die oft den Charakter einer Sekte annimmt.

<u>Gefahren:</u> Wissen vortäuschen oder mit geheimem Wissen Geschäfte machen, wobei meist Verrat im Spiel ist.

<u>Zusammenfassend:</u> Da Wissen Macht ist, zeigt diese Karte, wo die Macht zu suchen ist. Auf die Menschen im Hintergrund achten, die durch ihr Wissen viel Einfluß haben (Geheimdienste etwa).

Karte 27: Der Brief – Pik 7

Unter der Pik 7 erkennen wir einen festlich geschmückten Tisch mit einer aufwendig verzierten Decke, auf der noch eine zweite kleinere liegt. Hinten auf dem Tisch steht eine Vase und weiter vorn eine flache Schale, auf der sich ein versiegelter Brief befindet, der uns quasi auffordert, ihn zu öffnen.

Meist handelt es sich bei versiegelten Briefen um amtliche Mitteilungen, aber bei solch einer Präsentation wie hier ist eher anzunehmen, daß es ein privater Glückwunsch oder ein Liebesbrief ist – das bleibt aber noch offen (die Nachbarkarten werden darüber genauere Auskunft geben). Es ist zu erwarten, daß im Brief eher erfreuliche Tatsachen mitgeteilt werden, zumal die Farbe Pik auf mehr seelisch ausgerichtete Belange hinweist.

Pik 7 allerdings ist die Karte der Teilung. Nun, nach einer Hochzeit teilen die zwei sich liebenden Menschen alles, was sie besitzen. Auch sonst bezieht sich diese Karte auf den Alltag, und auf

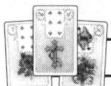

die inneren Werte: Was ist wichtig, was nicht? Was beeinträchtigt die Lebensfreude, was fördert sie? All dies sollte man abwägen.

Symbolik: Ein versiegelter Brief weist stets auf eine vertrauliche Information hin. Da er hier eher privater Natur zu sein scheint, dürfte es sich um eine persönliche Mitteilung handeln. Der Brief könnte eine Liebeserklärung enthalten oder irgend ein schönes Angebot, das Freude auslöst.

Noch wissen wir nichts über den Inhalt; wir werden erst dann Genaueres in Erfahrung bringen, wenn uns die Ratsuchenden dabei helfen. Bei dieser Karte ist der Phantasie viel Raum gelassen!

Das Siegel führt uns etwas weiter. Einst bestand es aus erwärmtem Kerzenwachs und sollte aller Welt zeigen, daß der Inhalt des Briefes nur für den Adressaten bestimmt war. Auch heute noch kennen wir das aufgedruckte Siegel, das besonders von Amtspersonen wie Gerichtsvollziehern verwendet wird. Alle versiegelten Gegenstände sind tabu. Das Siegel warnt also und soll das Objekt vor neugierigen Blicken schützen.

Der auf der Karte abgebildete Brief unterscheidet sich derart auffällig von anderen Briefen, daß wohl jeder erkennt, daß er nichts mit der alltäglichen Post zu tun hat. Hier geht es um persönliche, individuelle Angelegenheiten.

Bedeutung der Karte

<u>Allgemein:</u> Ein für eine bestimmte Person gedachtes lockendes Geheimnis, das von der Umwelt nicht gelüftet werden soll.

<u>Liebe und Glück:</u> Ein sehr persönlicher Liebesbrief, der ausschließlich für *die* geliebte Person bestimmt ist und ihr besondere Freude macht.

<u>Beruf:</u> Eine Liebesnachricht mag den Adressaten von seinen beruflichen Pflichten abhalten.

<u>Gesundheit:</u> Eine Liebeserklärung, die Trost spendet und Zuwendung erkennen läßt.

<u>Freundschaften und Bindungen:</u> Eine Liebeserklärung, die von einem alten Freund kommen kann. Aus Freundschaft wird Liebe.

<u>Gefahren:</u> Gefahr drückt sich in dieser Karte kaum aus, es sei denn, eine neue Liebe zerstört eine gewachsene Verbindung.

<u>Zusammenfassend:</u> Das persönliche Glück, das uns aus dem Alltag herauszuheben vermag. Werte überprüfen; den Wert einer Sache abwägen.

Karte 28: Der Herr – Herzas

Unter dem Herzas sehen wir in einer parkähnlichen Gartenanlage vor einem kleinen Hain einen recht elegant gekleideten Herrn. Sein vornehmes Äußeres wird noch durch die Perücke unterstrichen. Auffallend und vielleicht nicht ganz passend sind die roten Schuhe. Der Herr hat eine abwartende Haltung eingenommen. In der linken Hand hält er seinen Hut und in der rechten seinen zierlichen Spazierstock. So kann er niemanden mit Handschlag begrüßen, sondern ihm nur seine respektvolle Aufwartung machen. Der Herr steht mit dem Rücken zur Sonne. Sein Schatten zeigt in die Richtung, aus der er jemanden erwartet. Die Farbe Herz deutet eine leidenschaftliche Gemütslage an.

Herzas galt stets als die Karte des Glücks. Sie ist der höchste Trumpf, obwohl der Punktwert aller Askarten gleich ist. Herzas drückt bei Mann und Frau Aktivität aus: der Liebe, der Leidenschaft, dem Herzenswunsch nachjagen.

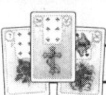 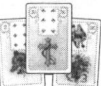

Herzas bedeutet hohes Ansehen in der Gesellschaft und ist Symbol für das höchste Ziel, das jeder für sich erreichen kann. Diese Karte sagt etwas über die Freude am Erfolg aus, der nun (endlich) eingetreten ist. Jetzt hat man ausreichend Zeit für die Erfüllung privater Wünsche; die Zukunft sollte dabei aber nie aus den Augen verloren werden. Die Haltung des Herrn beweist, daß er Würde und Stolz besitzt.

Symbolik: Als „Herrn" bezeichnete man stets jemanden, der sich vom Durchschnitt abhebt: einen angesehenen Bürger, der sich ritterlich verhält und zugleich Respektsperon sowie aufgrund seiner Selbstbeherrschung und Disziplin ein Vorbild für andere ist. Beim Kartenlegen wird der Herr immer mit dem Ratsuchenden gleichgesetzt. Wenn es sich dabei um eine Frau handelt, ist deren Ehegatte oder Lebenspartner gemeint. Diese Karte gehört nebst der Karte 29 (Die Dame) zu den Personenkarten. Deshalb müssen beide besonders sorgfältig und sehr persönlich interpretiert werden. Hier entscheiden dann die Nachbarkarten über die Aussage. Diese Karte verlangt immer Respekt und Achtung! Denn die betreffende Person zeigt nach außen hin stets eine Haltung, die auf Überzeugung beruht und die geprägt ist von Würde.

Bedeutung der Karte

Allgemein: Die Karte des Fragenden oder die Situation des Lebenspartners einer Fragestellerin.

Liebe und Glück: Das Glück und die Liebe des Betreffenden werden hier untersucht und beurteilt.

Beruf: Die Stellung im Beruf muß hinterfragt werden; ist man noch Herr der Lage, oder muß man bereits als einer unter vielen kämpfen?

Gesundheit: Der Gesundheitszustand der männlichen Hauptperson sollte überprüft werden; die Gesundheit unterliegt schweren Prüfungen.

Freundschaften und Bindungen: Der männliche Ratsuchende in seinen Bindungen. Die Nachbarkarten lassen Einzelheiten erkennen.

Gefahren: Die Gefahr besteht darin, daß sich die männliche Hauptperson überschätzt und die sich negativ auswirkenden Realitäten nicht sieht.

Zusammenfassend: Die männliche Hauptperson wird unterschiedlichen Prüfungen unterzogen, wobei wichtig ist, wo die Karte liegt: am Anfang, am Ende oder in der Mitte einer Auslegeart.

 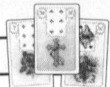

Karte 29: Die Dame – Pikas

Unter dem Pikas sehen wir einen parkähnlichen Garten mit einem Schloß im Hintergrund. Obwohl es den Anschein hat, handelt es sich *nicht* um dieselbe Szenerie wie auf Karte 28. Inmitten dieser Anlage erblicken wir auf einer Terrasse eine Dame in einer Robe mit einem Strauß roter Rosen in der rechten Hand. Statt einer Perücke, wie sie der Herr trug, hat diese Dame einen phantasievollen Hut auf. Sie wartet. Worauf? Oder auf wen? Will sie den Blumenstrauß jemanden überreichen, oder hat sie ihn gerade selbst von einem Besucher geschenkt bekommen, dem sie nun nachsieht? Die Farbe Pik deutet auf mehr seelische Belange hin.

Pikas bedeutet Glück, und zwar das Glück, das eine Beziehung abrundet. Die Liebe geht hier weit über das Leidenschaftliche hinaus. Bei Partnerschaften oder anderen, nahen Verbindungen spielt das Unbewußte, man kann auch sagen: die Seele, eine bedeutende Rolle. Diese Karte symbolisiert das Weibliche (auch im

Mann). Ein Bild der Fruchtbarkeit im weitesten Sinne, getragen von einer stillen, tiefen Kraft. Hier werden Mut und innere Beharrlichkeit versinnbildlicht. Dieser Dame kann man ohne Bedenken ein Geheimnis anvertrauen; sie eignet sich zur Vertrauten und Eingeweihten, ja selbst zur Priesterin. Sie ist die Persönlichkeit, die sich trotz des Erfolgs in ihrer Position still zurückziehen kann. Doch ihre Rechte gibt sie nicht auf. Sie weiß, wer sie ist und was sie will. Auf Anerkennung legt auch sie Wert – aber sie hat es nicht nötig, sich öffentlich feiern zu lassen.

Symbolik: Als „Dame" titulierte man stets eine Frau, die durch Geburt zu den oberen Gesellschaftsschichten gehörte oder die es geschafft hatte, dort Fuß zu fassen. In jedem Fall besaß sie in diesen Kreisen großen Einfluß. Früher begnügten sich die Damen damit, im privaten Bereich Macht und Autorität zu haben; es war nicht notwendig, dies nach außen hin kund zu tun. Man traf sich in ihren Salons und wirkte von dort aus maßgeblich auf die Meinungsbildung der Gesellschaft ein.

In diesem Deck symbolisiert „Die Dame" die Fragestellerin, die Ratsuchende. Befragt ein Mann die Karten, dann repräsentiert sie seine Lebenspartnerin. Da diese Karte also persönlich ausgerichtet ist, muß sie sehr sorgfältig interpretiert werden.

Bedeutung der Karte

Allgemein: Die Karte der Fragenden oder die Situation der Lebenspartnerin eines männlichen Fragestellers.

Liebe und Glück: Das Glück und die Liebe der Betreffenden werden hier untersucht und beurteilt.

Beruf: Die Stellung der Frau im Beruf wird untersucht: Ist sie als Chefin anerkannt? Wieviel Einfluß besitzt sie?

Gesundheit: Der Gesundheitszustand der weiblichen Hauptperson sollte überprüft werden.

Freundschaften und Bindungen: Die weibliche Ratsuchende in ihren Bindungen und in ihrem Kreis, was die Nachbarkarten erkennen lassen.

Gefahren: Die Gefahr besteht darin, daß sich die weibliche Hauptperson überschätzt und daß sie die Realitäten nicht sieht.

Zusammenfassend: Die weibliche Hauptperson wird auf die Probe gestellt. Auch hier kommt es wie beim „Herrn" auf die Lage der Karte an.

Karte 30: Die Lilie – Pikkönig

Unter dem Pikkönig erkennen wir einen wunderschönen Lilien-stengel mit sehr vielen Blüten. Sie sind von einem Kranz aus neun Sternen eingerahmt. Die Blüten zeigen sich in ihrer vollen Pracht. Sie sind gerade aufgegangen; lediglich die an der Spitze ist noch geschlossen, aber auch sie wird sich bald öffnen.

Die Farbe Pik deutet darauf hin, daß wir es mit einer Karte seeli-scher Ausrichtung zu tun haben.

Pikkönig: Diese Karte ist als Ergänzung zur Pikdame zu sehen. Der Pikkönig symbolisiert den Mann mit Erfahrung und mit einer großen Ausstrahlung. Er ist der weiseste der vier Könige. Es mag der Vater sein, der über den Dingen steht und die Fehler seiner Kinder verzeiht, oder ein Mann, der trotz mancher negativer Er-fahrungen immer wieder Menschen vertraut, die er mag, oder ein reifer Mann, der jedoch vom Leben noch einiges erwartet. Ihm sind seelische Erfahrungen sehr wichtig.

Symbolik: Die Lilie ist eine Pflanze mit tiefem Symbolgehalt. Sie versinnbildlicht zum einen die Erotik, zum anderen den Tod. Lilien legt man oft auf ein Grab. In einem Volkslied heißt es: „... drei Lilien, drei Lilien, die leg' (oder pflanz') ich auf dein Grab ...". Diese Blumengabe drückt den Wunsch aus, daß die Toten zu neuem Leben auferstehen mögen, daß sich „das Neue" nach der letzten Reise „am anderen Ufer" gut etabliere (worauf auch die neun Sterne hindeuten). Die Blume symbolisiert die Auseinandersetzung mit dem Sterben und dem Werden.

Auch in der Erotik geht es stets mit um dieses Thema, da – wie Sigmund Freud schrieb – ein vollzogener Zeugungsakt für den Mann einen „kleinen Tod" bedeutet.

Wer sich also mit dem Ende, das zugleich ein neuer Anfang ist, beschäftigt, der hat auch gelernt, abzuwägen und keine Wagnisse mehr aus reinem Übermut zu unternehmen.

Die Lilie wurde zum Symbol für das „ewige" Leben, weil sie im oder am Sumpf wächst, aus dem die Störche die Kinder holen.

Da alles einen Gegensatz in sich birgt, sah man die Lilie auch als Pflanze der Verjüngung an. Deswegen ist sie als Geschenk in einer schwierigen Situation sehr willkommen.

Bedeutung der Karte

<u>Allgemein:</u> Die Karte der Weisheit und der Wandlung, der Auseinandersetzung mit dem Abschluß einer Entwicklung.

<u>Liebe und Glück:</u> Das Glück wandelt sich – die Liebe auch. Wer meint, alles bliebe, wie es ist, verliert Liebe und Glück.

<u>Beruf:</u> Das Berufsleben neigt sich langsam dem Ende zu. Eine neue Aufgabe muß gesucht werden, besonders wenn das Alter es erfordert.

<u>Gesundheit:</u> Eine klare innere Erkenntnis hilft, den Sinn einer Krankheit zu erkennen und sie als Wandlung zu begreifen, was zur Heilung führen kann.

<u>Freundschaften und Bindungen:</u> Die Freundschaften wandeln sich, es hängt vom Grad der Reife ab, in welche Richtung hin dies geschieht.

<u>Gefahren:</u> Notwendige Wandlungen nicht zu erkennen und so Stillstand zu provozieren, doch wer rastet – der rostet.

<u>Zusammenfassend:</u> Die Karte der Wandlungen. Alles wird immer wieder in Frage gestellt: das Glück, die Liebe, die eigene Leistung. Die Hinwendung zu einem neuen Lebensabschnitt und dessen Vorteile.

Karte 31: Die Sonne – Karoas

Unter dem Karoas sehen wir eine herrliche Sonne nach allen Seiten strahlen. Unter ihr, die den ganzen Himmel beherrscht, erkennen wir eine Landschaft mit einem See und ganz im Hintergrund ein Gebirge; besonders auffällig ist die schöne grüne Anhöhe im Vordergrund – ein Symbol für die lebensspendende Energie, die von der Sonne auf die Erde strahlt. Die Farbe Karo deutet darauf hin, daß wir uns Gedanken über etwas machen müssen. Das mag manch einen überraschen, denn die Sonne wird oft spontan mit der Farbe Herz in Zusammenhang gebracht. Aber wir sollen wohl auch ein wenig über die schöpferische Kraft der Sonne nachdenken.

Karoas ist die Karte des Gewinns, des Reichtums, der Fülle. Es ist eine optimistische Karte, und sie zeigt, was die Menschen auf dieser Erde alles erreichen können. Menschen mit der Fähigkeit zu klugen Gedanken bringen oft Großes hervor: Intensives Nach-

 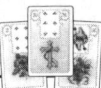
denken führte beispielsweise zur „Erfindung" der Münzen. Für die alten Gold- und Silbermünzen haben Sonne und Mond als Anregung gedient. Dadurch sollte das Geld den Segen des Himmels bekommen.

Es handelt sich hier also um eine Karte der konstruktiven Kraft. Die Sonne zeigt jedem: Der Mensch ist nicht allein.

Symbolik: Die Sonne ist unser Zentralgestirn, ohne das es kein Leben auf dieser Erde gäbe. Sie wirkt überall, sie bringt alles an den Tag, denn sie löscht das Schwarze aus. Sie ist der Mittelpunkt unseres Planetensystems. Die aufgehende Sonne, von den alten Ägyptern „Chepre" genannt, vertreibt alle Dämonen und damit alle Ängste. Sie befreit uns.

Trauer erfaßte die Menschen, wenn die Sonne abends unterging. Die Ägypter bezeichneten die untergehende Sonne als Gott Autum, der – sich auf einen Stock stützend – auf einer Barke ins Dunkle verschwand. Aber die Sonne kommt stets wieder! Sie „erneuert" sich während der Nacht, ebenso wie wir uns im Schlaf regenerieren sollen. Sie war und ist das „zeugende" Element, ohne ihre Wärme gäbe es kein Wachstum, ohne ihr Licht wäre die Erde für immer in Finsternis gehüllt. So bringt die Sonne mit ihrem Licht auch den Optimismus und die Freude auf die Erde. Kein Himmelslicht (außer dem Mond) wurde so intensiv angebetet.

Bedeutung der Karte

<u>Allgemein:</u> Das Glück der Wärme und des Lichtes. Das Wunder.

<u>Liebe und Glück:</u> Die Liebe und das Glück strahlen im schönsten Licht, das nicht leichtsinnig verspielt werden darf.

<u>Beruf:</u> Erfolg im Beruf. Förderung von allen Seiten. Chancen, die einen plötzlich aus dem Dunkeln ins Licht holen.

<u>Gesundheit:</u> Die Wärme der Sonne heilt. Sie ist das älteste Heilmittel.

<u>Freundschaften und Bindungen:</u> Solange die Sonne den Freundschaften ihren Segen gibt, kann keine in die Brüche gehen.

<u>Gefahren:</u> Zuviel Sonne verbrennt und versengt alles. Deshalb trotz Glanz und Reichtum bescheiden und demütig bleiben.

<u>Zusammenfassend:</u> Das Glück der Sonne dankbar als Geschenk annehmen, dabei aber nicht vergessen, daß jedes Geschenk verdient und bewahrt werden muß.

Karte 32: Der Mond – Herz 8

Unter der Herz 8 sehen wir den abnehmenden Mond als Sichel am leuchtenden Firmament mit unzähligen, strahlenden Sternen. Auf einem Berg im Hintergrund erkennt man eine Burg, daneben einen See und in der Ferne ein Gebäude, vielleicht eine Kirche. Die Farbe der Karte ist Herz. Das verwundert nicht, denn der Mond wurde stets mit dem Mütterlichen gleichgesetzt. Die Mutter galt immer als Symbol für die allumfassende Liebe, wenn auch mit allen möglichen Schattenseiten.

Herz 8: Diese Karte symbolisierte stets ein großes Geschenk. Das größte ist wohl die Tatsache, daß wir geboren werden und leben dürfen. Und um die Lebensfreude geht es bei dieser Karte denn auch. Die Herz 8 verweist stets auf die Möglichkeit eines Neubeginns. Dasselbe symbolisiert auch der Mond, der sich jeden Monat (das Wort „Monat" ist mit dem Wort „Mond" nicht ohne Grund verwandt) „erneuert" und somit vom Himmel herab das

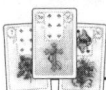 
Zeichen eines neuen Anfangs gibt. Es geht hier um das Geben und Nehmen, wobei das Geben an allererster Stelle zu stehen hat.

Symbolik: Der Mond war das erste Himmelslicht, das angebetet wurde. Bevor man die tiefe Bedeutung der Sonne erkannt hatte, stand er bei den Menschen der Urzeit an erster Stelle, weil sich der zu- und abnehmende Mond so gut mit dem Leben des Menschen (Werden und Vergehen) in Zusammenhang bringen ließ. Der Rhythmus des Mondes bestimmt unser Leben: Er verursacht die Bewegung des Wassers in Form der Gezeiten, und dieser Einfluß macht sich auch im menschlichen Organismus bemerkbar. Da nun nach alter Überzeugung aus dem Wasser das Leben kommt (es gäbe kein Leben auf der Erde, wenn ihre Oberfläche nicht zu zwei Dritteln von Wasser bedeckt wäre), gilt der Mond (neben der Sonne) als der Behüter unseres Erdenlebens. Ja, noch mehr: Man bringt ihn mit unserer Gemütslage in Verbindung, und in der Astrologie ist er das Symbol für die Seele; er gibt Auskunft, wenn wir etwas über unsere innere Stimmung erfahren wollen. Sonne und Mond bezeichnen wir als die „Augen des Himmels", wobei das „Auge Mond" tiefer in uns hineinschauen kann.

Bedeutung der Karte

Allgemein: Das Unbewußte, das Seelische, das uns eine sehr starke Kraft gibt, damit wir unsere Aufgaben erfüllen können.

Liebe und Glück: Die Liebe erheitert das Gemüt, wie Liebesleid das Gemüt niederdrückt (darüber entscheiden die Nachbarkarten).

Beruf: Im Beruf mit Leib und Seele engagiert zu sein ist die Voraussetzung für eine dauerhafte Karriere.

Gesundheit: Die seelische Heilkraft ist immer zu aktivieren.

Freundschaften und Bindungen: Eine Freundschaft ohne seelische Komponente hält nicht lange, sondern zerbricht in Kürze.

Gefahren: Manche Menschen retten sich in undefinierbare, meist seelisch bedingte Depressionen; das führt zu unklaren Vorstellungen oder Ahnungen, die mehr zur Verwirrung als zur Klarheit beitragen.

Zusammenfassend: Diese Karte symbolisiert das Gemüt (d. h. die seelischen Kräfte und Regungen): neben den Launen in erster Linie die Hoffnung auf eine Wandlung zum Positiven, den Glauben an sich selbst und an die innere Kraft.

 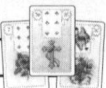

Karte 33: Der Schlüssel – Karo 8

Unter der Karo 8 erkennen wir einen großen schmiedeeisernen Schlüssel. Sein Bart wirkt gewaltig, fast riesig. Das Besondere an diesem Schlüssel ist das grünblaue Band. Es ist in der Form einer Lemniskate gemalt; das esoterische Zeichen, das entweder als liegende oder als stehende Acht vorkommt. Sie zeigt den Zusammenhang zwischen rechts und links sowie zwischen oben und unten auf.

Im Griff sehen wir ein Kreuz, das auf die Schicksalsträchtigkeit des Schlüssels hinweist. Die Farbe ist Karo, also handelt es sich um ein Symbol für unser Denken und unser klares Handeln.

Karo 8 symbolisiert unsere Möglichkeiten der Entwicklung. Eine Karte, die das Gleichgewicht zu halten versucht, wie die meisten Karten mit der Zahl Acht.

Hier erblicken wir materiellen Erfolg, der auf geistiger Arbeit beruht und der wiederum für die „Geistesarbeit" nutzbringend ein-

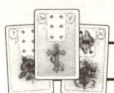

gesetzt werden sollte. Diese Karte weist mehr auf die Literatur, auf das Lesen und Studieren hin als auf körperliche Tätigkeit. Gleichzeitig sollen wir uns Gedanken machen über ein Thema, das im Leben stets wiederkehrt: Den Zusammenhang zwischen Theorie und Praxis. Ohne Theorie kann sich keine Praxis entwickeln, aber die Praxis muß auch das Theoretische prüfen.

Symbolik: Der Schlüssel ist das Symbol für neue Erkenntnisse. Eine Tür kann aufgeschlossen und manches Geheimnis dadurch gelüftet werden. Vielleicht ist die Tür der Eingang zum Reich der Schätze oder aber der Ausgang, der in die Freiheit führt und damit zur Horizonterweiterung. Wer den Schlüssel besitzt – so hieß es einst –, der besitzt den Zugang zum Leben.
Schlüssel deuteten stets auf eine Habe, auf einen Besitz hin. Noch heute werden sie gerne sichtbar am Hosengürtel getragen, so als wollte man mit seinem Vermögen protzen.
Hier bei der Farbe Karo ist jedoch mehr der Besitz von Wissen und Erkenntnis gemeint, der echte Macht in sich birgt. Den Schlüssel zum wahren Leben muß sich jeder „erarbeiten". Und schließlich muß jeder das passende Schloß für seinen Schlüssel finden, der dann erst allein über den Besitz entscheidet.

Bedeutung der Karte

<u>Allgemein:</u> Der Weg zu inneren Werten, die einem nicht mehr genommen werden können. Die Erkenntnis, daß die Schätze des Wissens unverlierbar sind – im Gegensatz zu den materiellen Besitztümern.
<u>Liebe und Glück:</u> Wer den Schlüssel zu Liebe und Glück besitzt, ist der reichste Mensch der Welt. Doch leider gehen Schlüssel auch verloren.
<u>Beruf:</u> Der Schlüssel zu neuen Möglichkeiten und Chancen.
<u>Gesundheit:</u> Die Nachbarkarten entscheiden, zu welcher Tür der Schlüssel paßt: ob es ins Krankenhaus hinein- oder aus der Klinik hinausgeht.
<u>Freundschaften und Bindungen:</u> Die Möglichkeit, neue Beziehungen anzubahnen oder den Schlüssel dazu jemandem anzuvertrauen.
<u>Gefahren:</u> Wer den „Hauptschlüssel" besitzt, meint nun vielleicht auf die kleinen Dinge des Lebens nicht mehr achten zu müssen.
<u>Zusammenfassend:</u> Die Möglichkeit, sich neue Welten und Erkenntnisse zu erschließen. Ein Besitzwert ist zu verteidigen, und es ist darauf achtzugeben, daß der Schlüssel nicht gestohlen wird.

Karte 34: Die Fische – Karokönig

Vor dem Horizont erkennen wir ein unendliches Meer. Im Hintergrund befindet sich ein Segelschiff auf voller Fahrt; seine Segel sind prall vom Wind gebläht. Vorn auf dem Bild tummeln sich neben einem riesig wirkenden Fisch noch drei kleine. Hier ist das Meer ruhig; es weist keinerlei Wellengang auf. Deshalb erscheint dieses Bild sehr friedlich. Wir sollten uns aber von der friedvollen Atmosphäre nicht täuschen lassen, denn stille Wasser sind oft sehr tief. Wir haben es mit der letzten Karokarte zu tun, also stehen hier der Verstand und das Geistige im Vordergrund.

Karokönig symbolisiert den Mann des Wissens – sowohl im intellektuellen Sinn wie auch, was Lebenserfahrung anbelangt. Dies ist dann der Weg zur Inspiration. Der Mann ist so weise und klug, daß er andere geschickt täuschen kann. Er verliert seine Interessen nie aus den Augen, im Gegenteil. Er wird beispielsweise seinen Nebenbuhler beruflich so stark fördern, daß dieser für Lie-

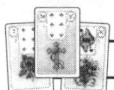
besdinge keine Zeit mehr hat; ungestört kann er dann das Herz der Frau gewinnen. Seine Vielseitigkeit eröffnet immer mehrere Möglichkeiten, die auch einen Schlingerkurs erlauben.

Symbolik: Fische symbolisieren im realen Bereich das gesunde Wasser. Auf der seelisch-geistigen Ebene stehen sie für den gesunden Instinkt. Der wiederum stellt die Vorstufe der Inspiration dar, die uns zur Hellsichtigkeit, uns also über uns hinausführt. Bei den Menschen ist der Urinstinkt durch ein Überbetonen des Verstandes oft verlorengegangen oder eingeschränkt worden. Wir müssen deshalb zu ihm zurückfinden, was oft sehr schwierig ist. Fische gelten nicht nur als instinktsicher, sondern sie versinnbildlichen, solange sie in gesunden Gewässern leben, auch die Fruchtbarkeit. Deshalb bedeutet Fischessen auch heute noch Kindersegen und gehört deshalb zum Liebeszauber.

Eine Schuppe sollte jedermann zu Beginn des Jahres in seine Geldbörse stecken: Das vermehrt die Finanzen.

Da der Fisch sehr fruchtbar ist, wurde er als Heilbringer angesehen. Im Märchen spielt er eine wichtige und rettende Rolle. Viele Götter kamen in Fischgestalt auf die Erde, und das Christentum wird sogar mit dem Kulturzeitalter der Fische gleichgesetzt.

Bedeutung der Karte

<u>Allgemein:</u> Vermehrung des Besitzes. Guter Instinkt wird notwendig sein, um das richtige Ziel anzuvisieren.

<u>Liebe und Glück:</u> Der Instinkt für die richtige Entscheidung ist wichtig, wenn zwischen zwei Partnern gewählt werden muß.

<u>Beruf:</u> Die Möglichkeiten zur Ausweitung sind groß, aber der Instinkt muß entscheiden, ob nicht doch eine Beschränkung besser wäre.

<u>Gesundheit:</u> Der gesunde Lebensinstinkt garantiert in der Regel dauerhafte Gesundheit. Aber wer richtet sich schon nach ihm!

<u>Freundschaften und Bindungen:</u> Bei Bindungen darauf achten, daß nicht nur die Vernunft im Vordergrund steht.

<u>Gefahren:</u> Die Fähigkeit, Ereignisse vorauszusehen, zu verlieren. Statt dessen nur die realen Vorteile im Auge haben.

<u>Zusammenfassend:</u> Die Chance, den Instinkt wieder zu aktivieren, um das Suchen nach neuen Möglichkeiten zu intensivieren. Fruchtbarkeit führt zu Nachwuchs. Vermehrung der Güter.

Karte 35: Der Anker – Pik 9

Unter der Pik 9 sehen wir einen auf Sand liegenden riesigen Anker und etwas weiter hinten ein – wohl gestrandetes – Segelschiff. Der Anker ist für dieses Schiff jedoch viel zu groß. Am Horizont ist zu erkennen, wie sich ein Unwetter verzieht. Vorn ist die See ruhig, aber ein starker Sturm muß vor kurzem alles schwer durcheinandergewirbelt haben. Die Farbe der Karte ist Pik, was auf eine eher seelische Bedeutung hinweist, und die Zahl 9 verrät uns, daß sich etwas Neues ereignen wird.

Pik 9 versinnbildlichte schon immer die großen Katastrophen. Oft wurde sie auch als die Karte bezeichnet, die das Ende mit Schrecken symbolisiert: Nach langem Zögern wird endlich klar Schiff gemacht – auch wenn dadurch das Schiff untergeht oder strandet. Die Pik 9 zeigt damit zugleich den Weg zu innerer Klarheit auf. Illusionen und Täuschungen haben nun ein Ende. Erst wenn man die Täuschungen durchschaut hat, kann ein Wech-

sel in Angriff genommen werden. Oft zeichnet sich nach sehr „traurigen" Erfahrungen, die für diese Karte typisch wären, auch eine neue Überzeugung oder Glaubensbereitschaft ab. Nach dem reinigenden Gewitter kann es ein neues Erwachen geben. Altes wird nun endgültig abgelegt und begraben, damit Platz ist für neue Möglichkeiten.

Symbolik: Das Erlebnis, gestrandet zu sein, ist für alle Menschen ein schlechtes Omen für die weitere Zukunft.

Der Anker wurde stets mit „Hafen" in Verbindung gebracht und war damit zugleich ein Symbol für die Heimat. Vor Anker gehen hieß Sicherheit haben. Noch heute werben Versicherungen mit dem graphischen Symbol des Ankers. Die Seele (Farbe Pik) braucht eine gewisse Verankerung und einen Halt.

Der Anker steht gleichzeitig für die letzte Fahrt eines Seemanns, ehe er sich an Land zur Ruhe setzt. Der Mensch muß im Ruhestand nach einem neuen Lebenssinn suchen, eine neue „Verankerung" finden, was meist gar nicht so leicht ist. So bedeutet der Anker Abschluß und Neubeginn zugleich.

Bedeutung der Karte

Allgemein: Das Ende einer Entwicklung, das zu einem neuen Lebensabschnitt führt, der große Abenteuer kaum mehr erlaubt.

Liebe und Glück: Eine Liebe, die schon lange andauert, die auf Zuverlässigkeit und Treue aufgebaut ist. Der gemeinsame Lebensabend.

Beruf: Das Ende des Berufslebens. Aber auch die Lebenssicherung, die der Beruf ermöglicht hat.

Gesundheit: Die schweren Krankheiten, die nun ausgeheilt sind und dadurch zu einer neuen Lebenseinstellung bzw. einer geänderten Haltung führen.

Freundschaften und Bindungen: Die Bewährung der Freundschaften in der Not. Dem gescheiterten Freund einen „Hafen" als Zuflucht anbieten.

Gefahren: Das Ende des Scheiterns, einer Aufgabe nicht zu sehen oder nicht anzunehmen, so daß eine Katastrophe auf die andere folgt.

Zusammenfassend: Das Ende eines Lebensabschnittes und die sichere Verankerung in der Heimat oder in der Familie, die letztlich doch Schutz bietet. Bilanz muß gezogen werden, damit sich die alten Fehler nicht stets wiederholen.

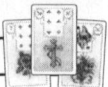

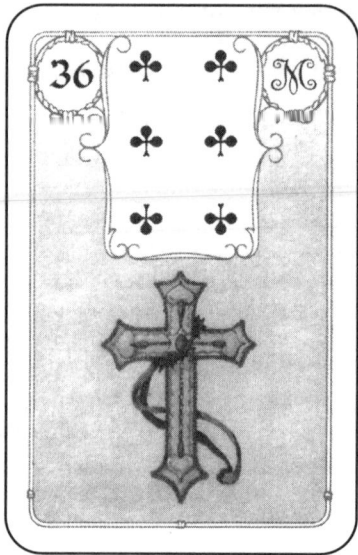

Karte 36: Das Kreuz – Kreuz 6

Unter der Kreuz 6 erblicken wir ein goldenes, mit Edelsteinen besetztes Kreuz. Es wirkt zugleich schlicht und vornehm. Das Besondere ist das Band, das wieder die Form einer Lemniskate aufweist. Dieses Zeichen deutet auf die Esoterik hin, obwohl die Farbe Kreuz eher das Reale anzeigt. So treffen in dieser letzten Karte Realität und geistiger Inhalt aufeinander, oder das Exoterische auf das Esoterische.

Kreuz 6: Die Karte zeigt die vielen Möglichkeiten, nach erlittenen Rückschlägen wieder ins Leben zu treten, wozu man aber oft wieder von vorn anfangen muß.
Die Kreuz 6 unterlag immer einer zwiespältigen Deutung: Zum einen ist sie die „ernste" Karte, zum anderen aber auch die „lustige" Tanzkarte, welche die Spanne vom heiteren Reigen bis zum Totentanz umfaßt. Die Zahl 6 bedeutet, daß von unten, also am Anfang begonnen werden muß, daß wir uns immer wieder auf un-

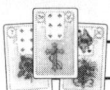

sere Wurzeln zu besinnen haben. Die Symbolik dieser Karte drückt weiter aus, daß in der Grundlebensauffassung ein Meinungswechsel stattgefunden haben muß, damit man wirklich neue Ideen in die Tat umsetzen kann. So wird sie zur Karte, die unsere Ureinstellung prüft.

Symbolik: Immer wenn wir es auf Abbildungen mit einem Kreuz zu tun haben, ist das Leben auf der Erde gemeint. Das Kreuz war zuerst Zeichen für die vier Haupthimmelsrichtungen. Aber schon in heidnischer Zeit wurde es zum Symbol für Leben und Leiden, und man meißelte es in viele Gedenksteine ein.

Das Kreuz war ferner das Bild für die „Weltachse", war die Brücke, die Himmel und Erde verband. Man sah es auch als Leiter an, mit der man sich den Göttern nähern konnte. Nach dem Opfertod Christi wurde das Kreuz zum Symbol des Heils.

Das Kreuz ist das vielleicht älteste Symbol voller magischer Kräfte und wurde jahrhundertelang als Abwehrwaffe gegen den Satan und gegen böse Geister verwandt. Wer sich bedroht fühlt, schlägt vor seinem Herzen oft ein Kreuz, um sich zu schützen und um den Teufel in die Flucht zu schlagen. Die „Heraldic Encyclopaedia" kennt allein 385 verschiedene Kreuzarten.

Bedeutung der Karte

<u>Allgemein:</u> Die Karte der Prüfung, der Bilanz; aber auch die Karte des grundlegenden Wechsels im Verhalten.

<u>Liebe und Glück:</u> Die Liebe und das Glück werden gewaltig auf die Probe gestellt. Das Ende mancher Beziehungen.

<u>Beruf:</u> Die Probe aufs Exempel – wer sie besteht, der hat eine Lebensstellung gefunden, wer sie nicht besteht, sollte sich nach anderen beruflichen Möglichkeiten umsehen.

<u>Gesundheit:</u> Die Krise an sich, die überwunden werden muß.

<u>Freundschaften und Bindungen:</u> Belastungen, die als Prüfung und als Aufgabe verstanden werden sollten.

<u>Gefahren:</u> Ratschläge in den Wind zu schlagen. Nicht aus seinen Fehlern zu lernen. Die Prüfungen des Lebens nicht anzunehmen.

<u>Zusammenfassend:</u> Die Karte der Prüfung schlechthin. Dem Leben einen neuen Sinn geben. Meist die Notwendigkeit, von vorn anzufangen, wenn auch auf einem viel bescheideneren Niveau als bisher.

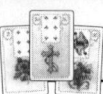

Bedeutung und Kombination der Lenormand-Karten

Es ist deutlich geworden, daß die 36 Lenormand-Karten eine Mischung aus uralten Symbolen der Menschheit und aus den französischen Spielkarten sind. Das spiegelt sich auch in der kleinen Arcana des Tarot wider. Bei den Beschreibungen wurde dies bedacht. Dabei bekommen in erster Linie die Farben Herz, Kreuz, Karo und Pik eine wichtige Bedeutung. Wir wiederholen deshalb noch einmal, was die Farben symbolisieren:

Herz = Feuer, Wärme und Blut, das Leidenschaftliche und das Cholerische

Kreuz = Erde, Realität, das Materielle sowie das Phlegma

Karo = Luft, Denken und Handeln, das Geistige sowie das Sanguinische

Pik   = Wasser, das Schöpferische, das Seelische sowie das Melancholische

Bei der Kombination gehen wir nach folgendem Prinzip vor: Zunächst liegen alle Karten offen auf dem Tisch, und zwar so, daß die Symbole für den Ratsuchenden nicht auf dem Kopf stehen. Er kann sich dadurch die Karten genau anschauen, ohne aber zu wissen, was sie bedeuten. Der Grund für die offene Auslage: Die Karten lösen beim Fragenden seelische Impulse aus, die – unabhängig vom Verstand – zu bestimmten Reaktionen führen, etwa bei der Auswahl der Ausgangs- oder der vorher zu bestimmenden Hauptpersonenkarten. Diese Vorauswahl ist sehr wichtig. Erfolgt sie nicht, sind die Karten „Der Herr" und „Die Dame" die Hauptpersonen.

Grundsätzlich merken wir uns weiter:

– Die Karten, die *oben* (= oberhalb einer Karte) liegen, symbolisieren, was den Menschen im Kopf herumgeht, also was gedacht wurde oder wird, beziehungsweise was wohl in Zukunft gedacht wird.

– Die Karten, die in der *Mitte* liegen, versinnbildlichen die Menschen selbst mit Vergangenheit, Gegenwart und Zukunft.

– Die Karten, die *unten* liegen, weisen auf das Verdrängte, das Vergessene hin, oft auch auf das, was mit Füßen getreten wurde oder wird, also auf das, was man nicht *wahrhaben* will.
– Die Karten, die (vom Betrachter aus gesehen) *links* liegen, deuten auf die Vergangenheit hin.
– Die Karten, die *rechts* liegen, zeigen die Zukunft.

Diese fünf Grundsätze gelten *immer*!

Weiterhin sollten wir uns merken:
– Das Prinzip ist der Stern (siehe Auslegeart: „Jede vierte Karte ist ein Trumpf").
– Wir legen alle Karten immer so, daß sie nicht auf dem Kopf stehen. Dies geschieht aus einer alten Tradition heraus: Früher war man nämlich der Ansicht, daß Karten, die auf dem Kopf stehen, Unglück bringen. Heute können wir das als überholte mittelalterliche Ansicht betrachten.
Ansonsten gilt es, die Kombination zu üben, die Intuition spielen zu lassen, das Schauen zu erlernen. Es kommt auf den Einfall an, den die Karten auslösen, auf die Inspiration und die Hellsichtigkeit, die über das Schauen zu Ergebnissen führen, die einen Rat beinhalten. Beim Kartenlegen sollte man sich weniger vom Verstand oder gar von der reinen Vernunft des Intellekts leiten lassen. Das kann zwar auch (manchmal und ausnahmsweise) zu konkreten Aussagen führen, aber über das Schauen (lateinisch „intuere", davon abgeleitet: Intuition) wird auch das Seelische angesprochen, so daß die Ratschläge aus der Einheit von Kopf und Seele heraus erfolgen.
Selbstverständlich führen nicht einzig und allein die hier vorgestellten „Spiele" zum Erfolg, sondern all diejenigen, die sich mit dem – wie der Fachausdruck heißt – „Kartenschlagen" beschäftigen, können natürlich auch zu eigenen Auslegearten kommen oder die hier präsentierten individuell abändern. Unsere Auslegearten haben sich jedoch in der Praxis unzählige Male bewährt, zudem sind sie sehr praktisch in der Ausführung.
Zum Schluß des Buches wird dann noch der *Zeitschlüssel* vorgestellt, weil die meisten Kartenschläger und Kartenschlägerinnen diesen am wenigsten beherrschen.

Die Übungen als Lernvorgang

Übung macht den Meister – und nur sie allein. Dies gilt auch für das Kartenschlagen. Es braucht schon seine Zeit, bis jeder den Inhalt der Karten genau kennt und das Kombinieren ihm keine Schwierigkeiten mehr bereitet.

Deshalb möglichst täglich üben – aber nie allein. Immer sollte eine gute Freundin, der Freund, der Vater oder wenigstens eine Kollegin anwesend sein. Wer allein übt, tut dies in der Regel nicht konzentriert genug, und er kommt außerdem in die Versuchung, ein bißchen zu mogeln. Diese Schummeleien, die immer wieder zu beobachten sind, dürfen jedoch nicht sein. Es ist nicht erlaubt, eine bereits ausgelegte Karte gegen eine andere aus dem Stapel auszutauschen, wenn sie schwer zu deuten ist. Auch darf man die ausgelegten Karten nicht untereinander vertauschen, um sich den Anfang zu erleichtern. Ferner dürfen keine Karten, die verdeckt liegenbleiben, später aufgenommen werden – weder vom Fragesteller noch vom Kartenleger. Allein das Wissen um die Bedeutung der Karten, die „aus dem Spiel" sind, wirkt ja weiter und überträgt sich auf die Ratsuchenden. Das Unbewußte vergißt nichts.

Die Kolleginnen oder Freunde, die beim Üben dabei sind, brauchen von den Karten und von den Auslegearbeiten nichts zu verstehen, sie sind einfach ein guter „Katalysator" – das reicht.

Ferner übe man laut. Alle Gedanken sollten ausgesprochen werden. So prägt man sich die Bilder besser ein, das Lernen geht leichter und schneller, und auch das Erklären der Auslagen wird bereits geübt, denn es kommt stets auf *präzise, „unverwaschene"* Aussagen an.

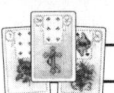
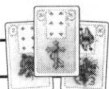

Die verschiedenen Legearten

„Die fünf Zukunftsfragen"

Für diese Auslegeart benötigen wir insgesamt *elf* der 36 Karten.
Davon wird *eine offen*, die anderen *zehn verdeckt* ausgelegt.
Zunächst jedoch liegen alle 36 Karten offen auf dem Tisch.
Der Ratsuchende schaut sich intensiv die Karte an, die sein Problem am besten symbolisiert; sie wird zunächst beiseite getan.
Dann legt er die restlichen Karten zusammen, mischt sie und breitet sie verdeckt auf dem Tisch aus. Aus diesen 35 Karten wählt der Ratsuchende zehn aus, indem er mit dem Finger auf sie zeigt.
Diese 10 nimmt der Ratgebende dann auf. Die übriggebliebenen 25 Karten werden verdeckt zusammen- und beiseite gelegt.

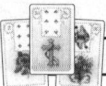 

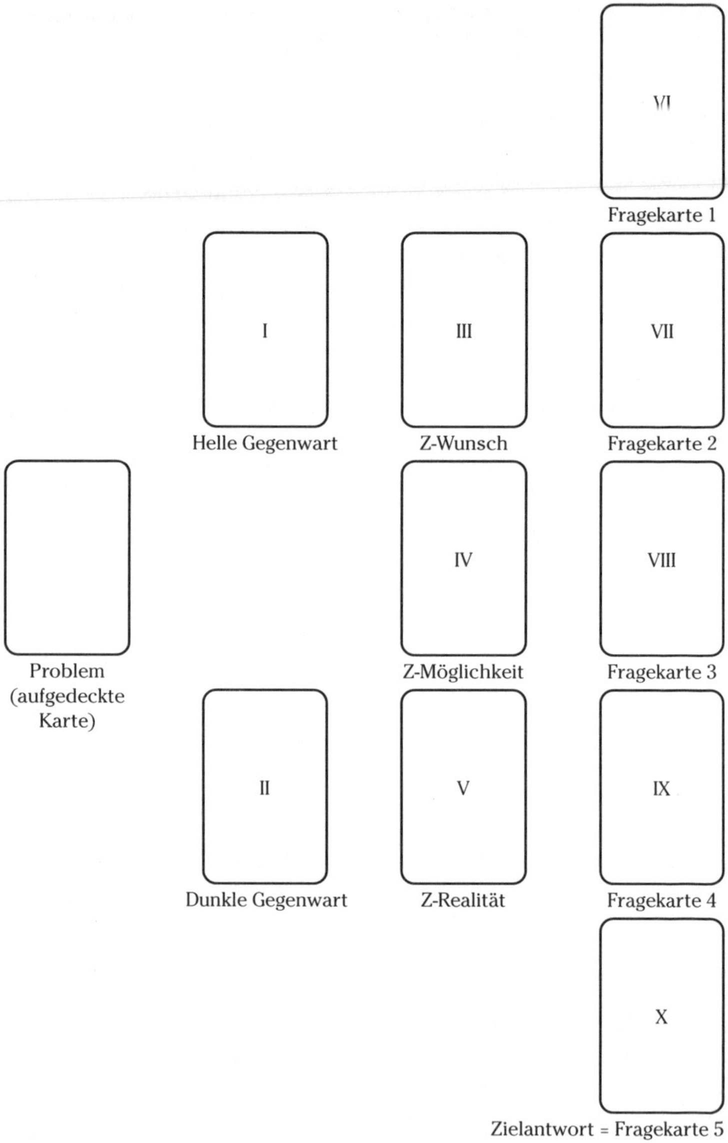

VI

Fragekarte 1

I

Helle Gegenwart

III

Z-Wunsch

VII

Fragekarte 2

IV

Z-Möglichkeit

VIII

Fragekarte 3

Problem
(aufgedeckte
Karte)

II

Dunkle Gegenwart

V

Z-Realität

IX

Fragekarte 4

X

Zielantwort = Fragekarte 5

Die *römischen* Zahlen geben an, in welcher Reihenfolge die verdeckt ausgewählten Karten ausgelegt und bei der Deutung nach und nach aufgeblättert und interpretiert werden.
- Zwei Karten (I und II) stehen für die Gegenwart.
- Drei Karten (III/IV/V) liegen für die Zukunft.
- Fünf Karten (VI/VII/VIII/IX/X) sind die Fragekarten.

Zur Gegenwart:
- Karte I gibt das „Helle" der Gegenwart,
- Karte II das „Dunkle" wieder.
Zur Zukunft:
- Karte III spiegelt den Zukunftswunsch,
- Karte IV die Zukunftsmöglichkeit und
- Karte V die Zukunftsrealität wieder.

Dies heißt: Karte III sagt, was erträumt, erhofft wird. Dieses Wunschziel muß man jedoch meist relativieren. Die Karte IV zeigt nun an, was in Zukunft möglich sein wird, während Karte V erläutert, wie die Realität tatsächlich aussehen dürfte.
Es kommt nun darauf an, für diese drei Aussagen die richtige Analogie (Entsprechung) zu finden. Karte III wäre z. B. „Herz". Der Kartenleger interpretiert das als Wunsch nach einer neuen Liebe. IV wäre „Der Turm". Die Liebesmöglichkeit ist beschränkt, weil man aus dem Turm schwer herauskommt. V wäre der „Hund". Ein alter Freund kann auftauchen und die Einsamkeit aufbrechen. Meist ergibt sich dabei eine Frage nach der anderen; diese Fragen müssen aber vorher noch nicht festgelegt sein, sondern können aus der Situation heraus entstehen.
Auch ist es möglich, diese Auslegeart abzubrechen: entweder weil der Fragesteller mit allen drei Zukunftskarten und ihren Deutungen zufrieden ist, oder weil *eine* Fragekarte ihm die Auskunft gibt, mit der er einverstanden ist. Das heißt also, daß man alle Zukunfts-, nicht aber alle Fragekarten aufdecken muß.
Mehr als fünf Fragen werden nicht beantwortet. Jede repräsentiert einen unserer Sinne.
Der Ratsuchende muß lernen, sich zu konzentrieren, und auch begreifen, daß ein ewiges Weiterfragen nicht zum Ziel führt, sondern – im Gegenteil – eher vom Ziel ablenkt und in die Irre leitet.

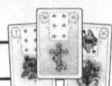
Die erste Antwortkarte ist die Karte, die als sechste verdeckt ausgelegt wurde (im Schaubild mit VI gekennzeichnet). Sie ist die oberste Karte. Es folgen dann die Karten VII/VIII/IX und X.

Sinn dieser Anordnung ist, daß jede weitere Frage den Ratsuchenden immer mehr in die Tiefe führt. Die zuletzt aufgedeckte Karte ist immer die wichtigste, sie enthält die allein entscheidende Frage und Antwort!

Deswegen muß man dem Fragesteller diese Regeln vorher in allen Einzelheiten erläutern und ihn auf sämtliche Konsequenzen aufmerksam machen.

Die zuletzt aufgedeckte Karte, das kann eine Fragekarte oder die Karte „Zukunftsrealität" sein, wird später für den Zeitschlüssel verwendet. Worum es sich dabei im einzelnen handelt, erklären wir am Ende des Buches. Nur soviel sei bereits gesagt: Die Problemkarte ist das Ausgangsblatt (= PK), die zuletzt aufgedeckte die Zukunftskarte (= ZK).

Bis zur Zukunftsrealität müssen übrigens immer alle Blätter aufgedeckt und gedeutet werden, was sich jedoch von selbst ergibt. Man kann also auch sagen, daß die zuletzt aufgedeckte Karte immer die *Zielantwortkarte* darstellt.

Diese Auslegeart wird meist zu Beginn einer Sitzung verwendet oder am Ende, wenn sich noch Fragen ergeben. Mehr als einmal pro Halbjahr sollte man sie jedoch nicht benutzen, da sonst die Gefahr besteht, daß man so lange legt, bis das Ergebnis paßt; genau dies darf aber nicht geschehen, da sich der Ratsuchende mit den Antworten gründlich auseinandersetzen soll.

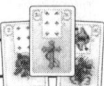
„Jede vierte Karte ist ein Trumpf"

Für diese Auslegeart werden insgesamt neun Karten benötigt. Bei der Auswahl hat der Ratsuchende zwei Möglichkeiten: Er wählt entweder *eine* Karte *offen* und die anderen *acht verdeckt* aus. Man kann auch alle *neun* Karten *verdeckt* aussuchen, dann gilt die obenliegende Karte als I. Die erste Variante erweist sich allerdings in der Praxis als viel aussagefähiger.

Die Auslegeart „Jede vierte Karte ist ein Trumpf" ist eine gute Übung für die große „Auslegeart Lenormand".

Die Grundlage für diese Auslegeart ist die „olympische" Zahl 4, die Jupiterzahl. Es ist die Zahl der Entfaltung, aber auch des Entfaltungssinns.

Wie immer werden dem Ratsuchenden zunächst alle 36 Karten offen hingeblättert, damit er sie in Ruhe betrachten kann. Dann sucht er – sofern er sich für Variante 1 entschieden hat – die „offene" Karte aus und legt sie in die Mitte des Tisches. Nun nimmt der Ratsuchende die Karten auf, legt sie zusammen und mischt sie.

Diese Karten werden nun vom Kartenleger abgezählt und (bis auf die erste Karte, die offen ausgesucht wurde) nicht von dem Ratsuchenden ausgewählt.

Der Kartenleger sortiert die ersten drei Karten vom Kartenblock verdeckt aus und die vierte Karte kommt als Nummer II (zunächst noch verdeckt) auf den Tisch. Dann legt er wieder drei Karten beiseite, die nächste ist dann die Karte III. In dieser Art und Weise fährt er fort, bis die drei Reihen komplett sind (dabei hilft uns das Schaubild). Zu beachten ist lediglich, daß die Karte I bereits in der Mitte liegt, man also V und VI links und rechts von ihr plaziert. Nun liegen neun Karten aus (acht verdeckt, eine offen). Neun von 36 bedeutet, daß jede vierte Karte im Spiel ist.

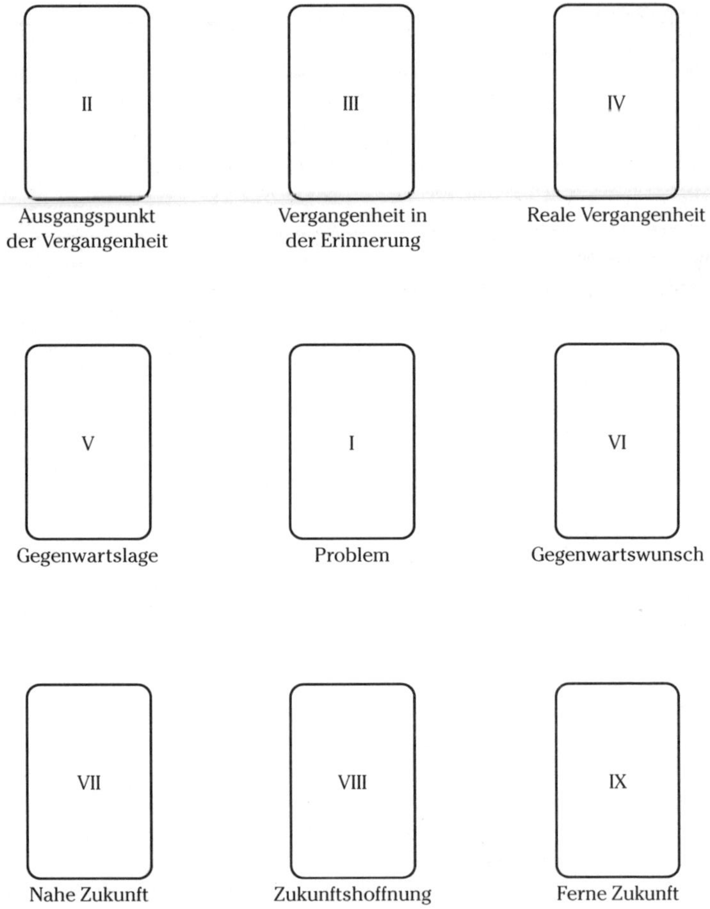

II	III	IV
Ausgangspunkt der Vergangenheit	Vergangenheit in der Erinnerung	Reale Vergangenheit

V	I	VI
Gegenwartslage	Problem	Gegenwartswunsch

VII	VIII	IX
Nahe Zukunft	Zukunftshoffnung	Ferne Zukunft

Die *oberste* Reihe sagt etwas über die Vergangenheit aus: die Ausgangslage (Karte II) ist wichtig sowie die Erinnerung an das Vergangene (III), der dann die reale Vergangenheit entgegengesetzt wird (IV). Dies alles wird nach und nach gedeutet, Schritt für Schritt – also stets beim Aufdecken der jeweiligen Karte.

Die *Reihe in der Mitte* spiegelt die Gegenwart wider, wobei die mittlere Karte I das augenblickliche Problem zeigt. Die Karte V links außen (vom Ratsuchenden aus gesehen) zeigt die Realität der Gegenwart, während die Karte rechts außen (VI) den Wunsch für die Gegenwart ausdrückt. So sieht der Ratsuchende seine jetzige Lage. Sie ist aber tatsächlich oft anders – eher wie es die Karte V widerspiegelt. Hieraus muß nun das Ergebnis für die allgemeine Lage kombiniert werden, was oft nicht einfach ist und auch Gespräche mit dem Fragenden erfordert.

Die *untere Reihe* führt uns nun zur Auskunft über die Zukunft hin. Hier liegt in der Mitte die Karte der Zukunftshoffnung (VIII). Diese Aussage muß in Zusammenhang mit denen der nahen Zukunft (VII) und der fernen Zukunft (IX) gesehen werden, um gute Ratschläge geben zu können.

Aus all diesen Hinweisen ist zu entnehmen, daß die Karten auch *senkrecht* gelesen werden können:
Beispielsweise links außen: Der Ausgangspunkt der Vergangenheit (II) führt uns zur Gegenwartslage (V) und weiter in die nahe Zukunft (VII).
Mittlere Reihe: Die Vergangenheit in der Erinnerung (III) ist im Problem (I) erkennbar und wird durch die Zukunftshoffnung (VIII) später in die Tat umgesetzt.
Rechts außen: Die reale Vergangenheit (IV) weist zum Gegenwartswunsch (VI) und in die ferne Zukunft (IX).

Auch *diagonal* erhalten wir Auskünfte:
Etwa von oben links nach unten rechts: Der Ausgangspunkt der Vergangenheit (II) führt zum Problem (I) und danach muß die ferne Zukunft (IX) anvisiert werden.
Oder von rechts oben nach links unten: Die reale Vergangenheit (IV) weist uns über das Problem (I) auf die nahe Zukunft (VII) hin.

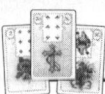 

Die *sternförmig* um die Karte I herum angeordneten und zunächst verdeckt liegenden Karten wirken auf das Problem und damit auf den Ratsuchenden ein. Diese Auslegeart wird deshalb auch „Problemstern" genannt.

Durch sie erfahren wir sehr viel über den Fragenden; bei einer klaren und guten Interpretation erübrigt sich danach sogar oft die große Auslegung.

Zudem lernen Ratsuchende wie Ratgeber, sich auf nur wenige Karten zu beschränken, um dem Problem näherzukommen. So ist es auch möglich, sich aus der großen Auslage, der Legeart „Lenormand", einen Problemstern herauszusuchen, um bestehenden Nachfragen noch einmal nachzugehen und sie erneut durchzuarbeiten. Das wird von dem Fragenden stets begrüßt.

 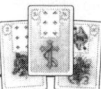
„Der Siebenerweg"

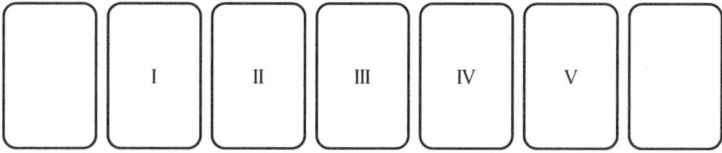

Startkarte Wahlkarte Wahlkarte Wahlkarte Wahlkarte Wahlkarte Zielkarte

Eine beliebte Legeart ist der „Siebenerweg". Allerdings wird hier eher im psychologischen Sinn gearbeitet als gedeutet. Diese Legeart soll den Ratsuchenden anspornen, seine Richtung, seinen Weg zu finden. Hier geht es also weniger um das Vorhersagen. Dazu werden *alle* Lenormand-Karten in sechs Reihen zu je sechs Karten *offen* ausgelegt, und zwar gemäß ihrer Numerierung. Also angefangen mit der Karte 1 (dem Kavalier) oben links bis zur Karte unten rechts (Nummer 36, dem Kreuz). Zur Kontrolle: Unter dem Kavalier liegt Nummer 7 (die Schlange), unter dieser Nr. 13 (das Kind), unter dem Kind der hohe Turm, darunter der Ring und die letzte Reihe beginnt mit der Karte der Sonne.
Nun betrachtet der Ratsuchende die Karten. Die erste Frage, die wir ihm stellen, lautet dem Sinn nach: „Welche Karte entspricht am ehesten Ihrer gegenwärtigen *Situation*?" Diese Karte wird herausgesucht. Nehmen wir an, es wäre die Karte des Sarges – also Nummer 8 –, um einmal gleich ein drastisches Beispiel zu wählen (wenn etwa Ratsuchende meinen, sie fühlten sich wie tot, wie „aus dem Leben geschleudert"). Dies ist also die erste Karte in der waagrechten Reihe, die am Ende aus sieben Karten besteht, wobei die Reihe auch von oben nach unten gelegt werden könnte. Dann wird nach dem Ziel gefragt: Worauf kommt es an, was wird anvisiert? Der Ratsuchende wählt beispielsweise – ohne zu wissen, wie das Spiel weitergeht – als Zielkarte die Sonne oder (wenn es um Liebesprobleme geht) den Ring.
Nehmen wir die Sonne als Beispiel. Diese Karte wird nun ganz weit nach rechts gelegt (oder nach unten). Damit haben wir be-

reits zwei Karten des Siebenerweges: die Start- oder Ausgangs-
karte und die Ziel- oder Endkarte. Nun erklären wir dem Ratsuchenden, daß er sich fünf Karten aussuchen solle, die eine
Brücke zwischen der Start- und der Zielkarte bilden. Es handele
sich dabei um fünf Stationen, die er bis zum „Ziel" durchlaufen
müsse.

Das klingt nun hier leichter, als es in der Praxis ist! Man kann nämlich nicht neben die Startkarte Sarg den Anker legen, denn das
hieße ja eine Verankerung der schwierigen Situation! Auch bringt
dort das Kreuz nicht viel. Es sollte ja immer eine Karte auf der anderen aufbauen, und der Ratsuchende muß den für ihn gang-
baren Weg herausfinden. Dabei darf er nicht die Personen oder
Dinge ausklammern, um die es geht, also die eigene Frau, den
Freund, die Arbeit, den Arzt oder was auch immer.

Wer diese Legeart ausprobiert, wird bald feststellen, daß hier
nicht nur einiges zu bedenken ist, sondern daß auch deutlich
wird, was zum Beispiel bisher nicht beachtet, was übersehen, ja
welcher entscheidende Fehler hier und da gemacht wurde. Dieses Spiel gibt also Gelegenheit, seine eigenen Gedanken zu ord-
nen, Klarheit zu gewinnen, um – besser gerüstet – neu beginnen
zu können.

Beispiel: Geld und Vertrauen verloren

Karl K. war – wie er sagte – sehr vertrauensselig. Daher hatte er sein Geld, das er für den Aufbau seiner Existenz gespart hatte, seinem besten Freund geliehen. Der versprach, diese Schuld sofort zu begleichen, wenn Karl K. sein Vervielfältigungsbüro aufmachen würde. Karl glaubte, daß es damit noch Zeit hätte, denn er suchte noch nach geeigneten Räumlichkeiten. Als diese gefunden waren, verlangte er sein Geld zurück, was ihm sein Freund auch zusagte. „In drei Monaten, wenn du eröffnest, hast du alles bis auf den letzten Pfennig wieder." In gutem Glauben schloß Karl Verträge ab, borgte sich Geld von seiner Freundin und nahm einen Bankkredit auf. Am Tage der Geschäftseröffnung hatte er einen Berg Schulden, denn sein Freund war mit dem Geld verschwunden! Die Freundin verlangte das Geborgte zurück, da sie fürchtete, in den ganzen Schlamassel mit hineingezogen zu werden.

Ziemlich deprimiert wählte Karl K. den „Siebenerweg". Als erste Karte, die seiner jetzigen Lage entsprach, nahm er die Mäuse. Er fühlte sich bestohlen, „angenagt", verlassen. Die richtige Zielkarte zu finden, fiel ihm schon schwerer. Er schwankte zwischen Herz und Ring – also dachte er noch sehr an seine Freundin. Darauf angesprochen, erwiderte er nur: „Die ist doch von ihren Eltern aufgehetzt!" Damit griff er zur Sonne, entschied sich aber letztlich für den Berg. Er wollte auf den Gipfel!

Karl K. fragte, ob die folgenden fünf Karten auch vom Ende her gewählt werden könnten. Er wüßte jetzt schon, was neben der Zielkarte (das heißt auf Position V) liegen solle. Der Kartenleger

gab zu verstehen, dies sei möglich. Herr K. müsse nur bedenken, daß die Karte, die einmal gelegt worden sei, nicht mehr ausgetauscht werden könne. Daraufhin griff Karl K. sofort zur Dame, er wollte also mit „ihr" auf den Gipfel.

Vier Karten standen noch aus. Neben die Mäuse setzte Karl K. den Bären auf Position I. „Ich muß wieder Vertrauen in die eigene Kraft bekommen. Muß beweisen, was ich kann!" Die nächste Karte (Position II) war das Haus. Karl K.: „Ich habe einen Vater, der ist Hausbesitzer. Nur stehe ich mit ihm schlecht! Ich muß meinen Stolz überwinden und ihn um einen Kredit bitten, damit ich den teuren Bankkredit ablösen kann. Das wäre eine Möglichkeit!" Welche Karte würde Karl K. nun wählen? Es war der Hund, den er auf Position III legte. Er sagte: „Ich darf nie mehr leichtsinnig sein, muß das eventuell von meinem Vater ausgeliehene Geld einem Fachmann anvertrauen, der über dieses Kapital wacht. Dann wird mir vielleicht auch meine Freundin wieder trauen, die ja meint, daß ich mit Geld nicht umgehen kann."

Nun kam es auf die letzte Karte an (Position IV), die Karte zwischen dem Hund und der Dame. Karl griff zunächst zur Karte des Ringes, dann legte er sie – bevor er sie eingereiht hatte – zurück und wählte die Eulen. Das verwunderte doch sehr! „Ich brauche noch mehr Lebenserfahrung, bevor ich eine Bindung eingehe", war Karl K. klar geworden. Wer sich diese Reihe anschaut, wird zu dem Schluß kommen: Der Mann schafft es!

Die Legeart „Lenormand"

Bewährt hat sich nach unserer Auffassung das Auslegen in *sechs Reihen* untereinander *zu je sechs Karten*. Zunächst jedoch werden die Karten in der Reihenfolge der Numerierung offen ausgelegt. Der Ratsuchende nimmt die Karten einzeln auf und schaut sie sich gründlich an; er sollte sich bei den Bildern bereits jetzt etwas denken. So vertieft er sich in die Symbole, sein Unterbewußtsein arbeitet mit, ohne daß dies vom Verstand registriert wird. Diese Vorbereitung kann oft zehn Minuten, ja eine Viertelstunde dauern.

Anschließend nimmt der Kartenleger die Karten und mischt sie, um sie dabei zu neutralisieren. Der Ratsuchende bekommt die Karten zurück, er kann noch einmal mischen und legt dann die Karten wie anfangs beschrieben aus.

Gedeutet wird nun waagerecht, angefangen mit der oberen Reihe. Bei dieser Legeart sollte man keinesfalls senkrecht oder diagonal vorgehen, sondern so, wie ausgelegt wurde.

Beispiel 1: Das Schlagersternchen

Sie war sehr hübsch, hatte einen recht netten Hit gelandet, der sogar im Fernsehen einmal vorgestellt wurde. Prompt hatte sie sich in einen männlichen Schlagersänger verliebt, was ihr Produzent gar nicht gerne sah, denn er förderte die junge Anita nicht nur, weil er ihr eine große Zukunft zutraute. Sie galt als fleißig und emsig, genoß den kleinen Ruhm, war aber insgesamt doch recht verunsichert, wie sich alles nun entwickeln würde. Sie arbeitete als Telefonistin in einem großen Kaufhausunternehmen, war aber bereit, diese gesicherte Stellung aufzugeben. Ihre Eltern hielten nichts von diesem ganzen Flitterkram und plädierten unbedingt dafür, daß Anita ihren Beruf beibehalte. Mit vielen wirren Plänen und Gedanken über all diese Ereignisse kam sie zum Kartenleger. Ziemlich schnell legte sie die offen daliegenden Lenormand-Karten zusammen. Der Kartenleger mischte sie flüchtig durch und gab ihr den Stapel zurück. Sie mischte bedeutend länger, bevor sie die Karten auslegte.

36 22 5 17 23 26
16 12 19 6 25 4
3 24 21 34 2 13
29 28 1 8 30 33
9 20 18 35 7 27
15 11 14 32 31 10

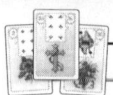

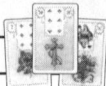

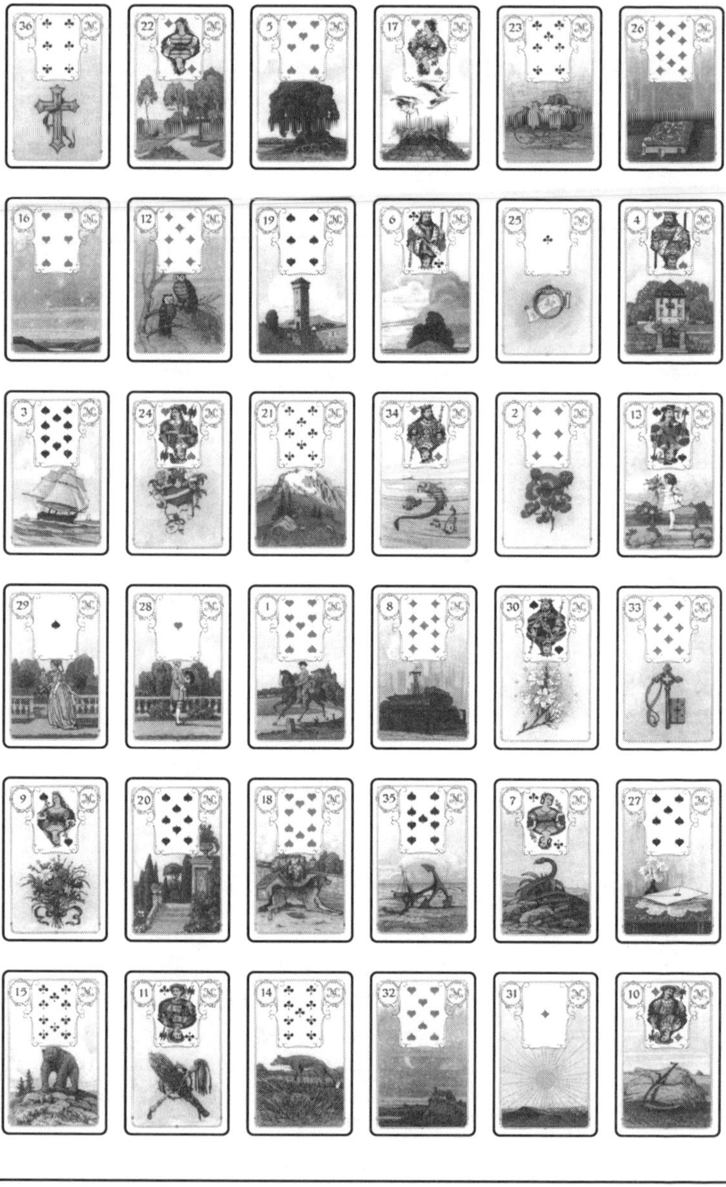

Zu Beginn sehen wir das Kreuz, die Last, die Bürde, die sich Anita aufgeladen hat, eine Tatsache, die sie jedoch zu einem neuen Weg (Die Wege) führen sollte oder könnte. Doch da sind Probleme (Baum) zu bewältigen, vor allem ist die Sehnsucht nach Veränderung (Störche) zu bändigen. Inzwischen besteht die Gefahr, daß an ihrer gesunden Substanz genagt wird (Mäuse), was durch Intrigen geschehen könnte, so daß sie das Geheimnis des Erfolgs- und Berufsweges nicht wird klären können (Buch); der bleibt im dunkeln (Sterne), da die Weisheit noch fehlt (Vögel). Anita gerät in eine Art Einsamkeit, die ihr aber guttun könnte (helle Wolken neben dem Turm), doch an eine Bindung und an ein Haus ist nicht zu denken (dunkle Wolken neben Ring und Haus). Der Traum von der weiten Reise in die Karriere (Schiff) und damit zum Herzen eines Mannes läßt sie nicht los, dafür ist sie bereit, jede Mühsal auf sich zu nehmen (Herz – Berg). Danach lacht das Glück (Fische und Kleeblatt sowie das Kind). Aber da „Sie" – obwohl neben „Ihm" liegend – sich von ihm abwendet (und er sich von ihr), wird es wohl nichts mit den beiden, zumal ein neuer Kavalier auftaucht, der ihre Tränen trocknen könnte oder sie über die gestorbene Liebe hinweg zu trösten vermag (Kavalier – Sarg). Mit diesem scheint sie auch dem erotischen Glück (Lilie) näher zu sein und bekommt dadurch einen Schlüssel für den weiteren Weg in die Hand. Erfolge (Blumen) stehen ins Haus, sie wird in den Kreis der Prominenten (Garten) aufgenommen, worüber ein treuer Freund wacht (Hund), so daß sie sich dort fest verankern kann (Anker). Sicher bleiben Intrigen von Kolleginnen nicht aus (Schlange), aber eine gute Nachricht (Brief) hilft ihr da weiter, und Kraft fließt ihr zu (Bär), so daß sie mit der Gefahr, die ihr wegen ihres Leichtsinns droht (Rute), und mit Hinterlist (Fuchs) sowie seelischem Kummer (Mond) fertigwerden kann. Am Ende der Kartenreihe sehen wir das Glück am Abschluß einer Arbeit, das aber nicht so groß wird, wie erhofft (Sonne und Sense).

So erzählen diese Karten eine Geschichte, die ziemlich klar ist. Daß „Sie" von sehr positiven Karten umgeben ist, bestätigt das absehbare gute Ende. Zwar war sie traurig über die beiden Hauptpersonen, die Rücken an Rücken lagen, aber insgesamt doch recht zufrieden. Sie hatte begriffen, daß sie erst nach der Trennung (Sarg) dem eigentlichen Glück etwas näherkommen würde,

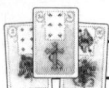 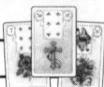

auch wenn dies nicht von heute auf morgen gelänge. Als Kavalier/Reiter (Karte 1) sah sie übrigens ihren Produzenten an, dem sie nun um so mehr vertraute, wenn auch die Karte 28 (ihre Liebe zum Schlagersänger) stets zwischen beiden lag

Wenn sich die Aufgabe, die einem das Schicksal stellt – hier durch das Kreuz als erste Karte gekennzeichnet –, so gut überwinden läßt, dann können Ratsuchende mit den Karten und den sich daraus ergebenden Hinweisen zufrieden sein.

 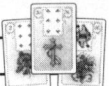
Beispiel 2: Eine Mutter hat Angst

Verena L. war reich, sie besaß mehrere Häuser, die sie gewinn-
bringend vermietete. Als Hausbesitzerin hatte sie keinen guten
Ruf, da sie jede Lücke im Gesetz ausnutzte, um sich einen Vorteil
zu verschaffen. Die Mieten, die sie verlangte, waren die höchsten
im Stadtteil. Der Grund dafür lag jedoch nicht etwa nur in Geld-
gier. Ihr Mann war gestorben, sie ging auf die Siebzig zu und hatte
zwei Kinder, die ihr große Sorgen machten. Die Tochter war
schwer krank, vor allem psychisch, der Sohn lebte in London, wo
er sich mit einer Engländerin zusammengetan hatte. Keines der
Kinder wollte die Mutter betrüben, aber sie taten es doch. Die
Tochter konnte die Verwaltung der Häuser nicht übernehmen,
sie brauchte aber das Geld, denn Medikamente und Kuren waren
teuer. Der Sohn hatte keine Lust, in die Heimat zurückzukehren.
So kam die Frau zum Kartenleger, um einen neuen Denkansatz zu
finden, da sich in ihrem Kopf – so ihre Worte – alles wie ein Mühl-
rad drehe.

5 13 36 27 7 30
21 4 12 16 23 34
10 19 33 29 20 6
14 35 9 3 24 31
15 11 2 18 25 26
32 28 22 8 1 17

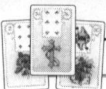

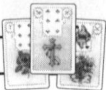

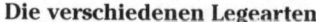

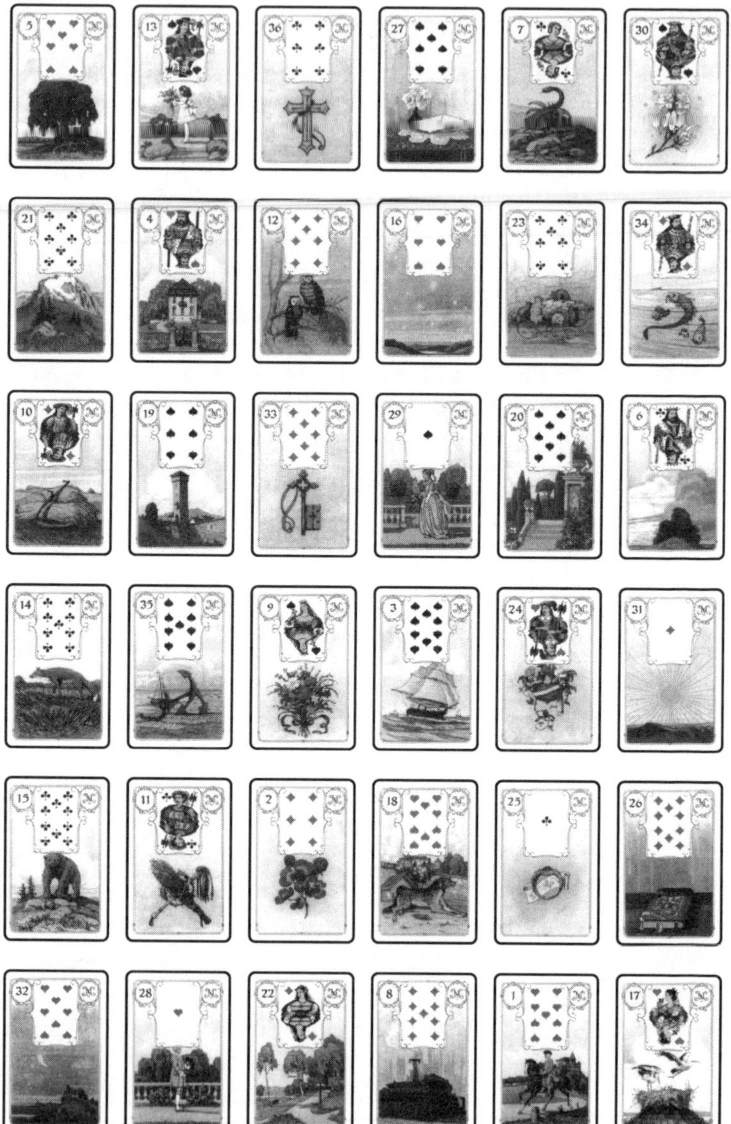

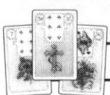 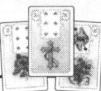

Nach dem Mischen wurden die Karten von Verena L. ausgelegt. Gedeutet wird waagerecht von links nach rechts. Die erste Karte ist wichtig! Hier handelte es sich um den Baum. Die Kartenauslegung begann also mit einer Karte der Stärke, die diese Frau zweifellos besaß und die sie auch auf ihre Kinder übertrug (Baum und Kind). Die Kinder sind ihr Karma, ihr Schicksal (Kreuz). Durch Briefe hält sie die Verbindung zu ihrem Sohn aufrecht. Aber diese Briefe werden von dessen Freundin abgefangen, die im sexuellerotischen Bereich mit ihm sehr glücklich ist (Kreuz – Brief – Schlange – Lilie).

Zweites Problem: Verena sieht fast unüberwindliche Probleme vor sich, die es ihr erschweren, ihre Häuser gut zu verwalten (Berg – Haus – Vögel). Sie leidet an Alpträumen, und zwar befürchtet sie, daß jemand an ihrem Reichtum „nagen" könnte (Sterne – Mäuse – Fische).

Drittes Problem: Ihr eigenes Leben erscheint ihr „abgeerntet" (Sense), sie fühlt sich einsam (Turm). Sie kann den Schlüssel zur Gesundheit ihrer Tochter nicht finden (Schlüssel – Dame), dabei könnte sie ihr die schönste Umgebung bieten (Garten mit hellen Wolken, die dunklen sind hier wirkungslos, weil am Rande liegend). Überall wittert sie Hinterlist (Fuchs) auf dem Weg zu ihrem Ziel (Anker). Doch dürfte eine gute Nachricht aus der Ferne (Blumenstrauß und Schiff) dazu beitragen, daß sich manch Herzenswunsch erfüllt (Herz und Sonne). (Eine Erklärung dazu: Ein Arzt aus Amerika wollte sich ihrer Tochter annehmen!) Dies würde aber auch große Belastungen mit sich bringen. Vorsicht vor Leichtsinn (Bär – Rute)! Doch das Glück kommt (Kleeblatt), auch durch treue Freunde (Hund). Eine Verbindung (welche, war noch nicht klar) würde manches Geheimnis lüften (Ring – Buch). Die depressive Phase wird enden, der Sohn wohl eine neue Freundin finden, welche die alte Liebe ablöst. Er kommt dann mit seiner Herzdame zurück (Mond – Herr – Wege – Sarg – Kavalier – Störche).

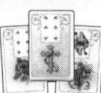

Der Zeitschlüssel

Das Problem beim Kartenschlagen ist immer, herauszufinden, zu welchem Zeitpunkt das Ereignis eintreten, wann die Zeit der Ratlosigkeit vorbei sein wird.

Merken wir uns zunächst:

Die Problemkarte wird im folgenden nur noch PK genannt. Das ist einmal die Karte, die man gleich zu Beginn offen auslegt, oder – in der großen Auslage – die Karte der Position I oder die Karte „Der Reiter".

Die Zielkarte (ZK genannt) ist immer die Karte, die am Ende der Auslage liegt.

Bei den folgenden Ausführungen beziehen sich die Zahlen auf die *Numerierung* der Karten, nicht auf ihre Position!

Diese *Faustregel* sollten wir uns unbedingt merken: *Es wird nur addiert!* Dabei gilt:

– Karten 1 bis 6 sind *immer* Jahre;
– Karten 7 bis 30 sind *immer* Monate;
– Karten 31 bis 36 sind *immer* Tage.

I. Beispiel:

PK „Der Baum" (5)	= 5 Jahre oder 60 Monate
ZK „Das Buch" (26)	= 26 Monate
60 plus 26 Monate	= 86 Monate
oder:	= 7 Jahre plus 2 Monate

II. Beispiel:

PK „Der Schlüssel" (33)	= 33 Tage
ZK „Der Strauß" (9)	= 9 Monate
	= 9 Monate und 33 Tage insgesamt

III. Beispiel:

PK „Der Hund" (18)	= 18 Monate
ZK „Die Schlange" (7)	= 7 Monate
	= 2 Jahre und 1 Monat insgesamt

Wenn die Zeitspanne – auf die jeweilige Frage bezogen – zu lang erscheint, wird die Voraussage zu spät in Erfüllung gehen. Warten wäre also sinnlos, wie bei unserem Beispiel I.

Im Grunde muß dann der Wunsch, die Sehnsucht, aufgegeben werden. Es ist eine negative Antwort auf die Aussage der Karten.

Wir sind am Ziel.

Mit der Beschreibung der Karten und ihrer verschiedenen Auslegearten haben wir alle Grundlagen des Kartenlegens erläutert, auch für diejenigen, die „nur" mit den französischen Karten Wahrsagen möchten.

Doch die Karten der Madame Lenormand erschließen mehr Möglichkeiten, die eigene Phantasie und Kombinationsgabe zu wecken.

Auch beim Kartenlegen fällt kein Meister vom Himmel. Aber das Üben lohnt sich. Die Unterhaltung ist immer garantiert, und oft kann das Kartenlegen den Ratsuchenden echte Lebenshilfe geben.

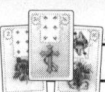

Literaturhinweise

Wenzel Brown: Die Wahrheit aus den Karten.
Edition Sven Erik Bergh, Unterägeri 1983.

Rhea Koch: Selbst Wahrsagen mit Karten.
FALKEN Verlag, Niedernhausen 1991.

Bernd A. Mertz: Astrologie und Tarot.
Ansata Verlag, Interlaken 1981.

Bernd A. Mertz: Tarot.
FALKEN Verlag, Niedernhausen 1991.

Bernd A. Mertz: Der Ägyptische Tarot.
Bauer Verlag, Freiburg 1987.

Bernd A. Mertz: Kartenlegen.
FALKEN Verlag, Niedernhausen 1985.

UNSER TIP

Traumdeutung
Die Bildersprache unserer Traumwelt entschlüsseln
Von G. Fink, 384 Seiten, 74 Farbfotos, zahlreiche Symbole und
Vignetten, Pappband.
Dieses Handbuch enthält fundierte Informationen über den
aktuellen Stand der Traumforschung und eine leichtverständliche
Anleitung zur Analyse eigener Träume. Mehr als 1300 übersichtlich
gegliederte Symbole und Traumsituationen erleichtern die Orien-
tierung.
DM 39,–, S 319,–
ISBN: 3-8068-**4486**-0

Tarot
Lebenshilfe durch Kartenlegen
Von B. A. Mertz, 112 Seiten,
28 s/w-Zeichnungen, kartoniert.
DM 9,80, S 79,–
ISBN: 3-8068-**1227**-6

Selbst Wahrsagen mit Karten
Von R. Koch, 80 Seiten,
252 Abbildungen, kartoniert.
DM 7,80, S 69,–
ISBN: 3-8068-0404-4

Partnerschaftshoroskop
Glück und Harmonie mit Ihrem
Traumpartner
Von G. Haddenbach, 112 Seiten,
11 Zeichnungen, kartoniert.
DM 7,80, S 69,–
ISBN: 3-8068-0587-3

Die 12 Sternzeichen
Charakter, Liebe und Schicksal
Von G. Haddenbach, 136 Seiten,
kartoniert.
DM 9,80, S 79,–
ISBN: 3-8068-0385-4

UNSER TIP

Brain Buildig
Das Supertrainingsprogramm für Gedächtnis, Logik, Kreativität
Von M. vos Savant, übersetzt von D. L. Nennhuber, 288 S., 12
Zeichnungen, Pappband.
Marilyn vos Savant, die klügste Frau der Welt, bringt Sie mit ihrem
Programm in 12 Wochen auf die Höhen intellektueller Fitneß. Sie
werden lernen, klarer und präziser zu denken und sich selbst zu
vertrauen. Die neugewonnenen Fertigkeiten vereinfachen Entschei-
dungsfindungen und helfen bei Problemlösungen im Beruf wie in
persönlichen Beziehungen.
DM 29,80, S 239,–
ISBN: **3-8068-4704-5**

Karriereplanung mit System
Karrierefrauen – Frauenkarriere
Der tägliche Umgang mit dem Erfolg
Von R. Ibelgaufts, 208 Seiten,
15 Cartoons, Pappband.
DM 19,80, S 159,–
ISBN: 3-8068-**4519**-0

Einstellungstests und andere
Methoden der Bewerberauswahl
Informationen, Tips und Übungen
Von Dr. R. Hilke, H. Hustedt, 160 S.,
kartoniert. **DM 16,80, S 139,–**
ISBN: 3-8068-**1263**-2

freundin RATGEBER
Die richtige Bewerbung
So haben Sie bessere Chancen
Von S. Stein, 176 Seiten,
6 Cartoons, kartoniert.
DM 19,80, S 159,–
ISBN: 3-8068-**1210**-1

Wolfgang Büsers Erfolgstips
Teilzeitarbeit
Von W. Büser, ca. 144 Seiten,
kartoniert.
DM 15,– S 119,–
ISBN: 3-8068-**1266**-7

NÜTZLICHE RATGEBER

Essen und Trinken

Unsere Kochschule
(4526-3) Von M. Kaltenbach, F. W. Ehlert, 308 S., 736 Farbfotos, Pappband. ●●●●

Meine feine Bürgerliche Küche
(4411-9) Von E. Falout, 160 S., 119 Farbfotos, Pappband. ●●●

Kochen für 1 Person
Rationell wirtschaften, abwechslungsreich und schmackhaft zubereiten. (0586-5) Von M. Nicolin, 104 S., 8 Farbtafeln, 23 Zeichnungen, kart. ●

Rezepte für 1 Person
(1294-2) Hrsg. M. Sauerborn, 64 S., 75 Farbf., kart. ●

Schnell und individuell
Die raffinierte Single-Küche
(4266-3) Von F. Faist, 160 S., 151 Farbfotos, Pappband. ●●●●

Für Kenner und Genießer **Lamm**
(1090-7) Von H. Imhof, 64 S., 50 Farbfotos, Pappband. ●

Frischer Fang aus Fluß und Meer **Fisch**
(0964-X) Von L. Grieser, 48 S., 52 Farbfotos, Pappband. ●●

Gaumenfreuden Tag für Tag
Pfannengerichte
(1007-9) Von S. Fabke, 64 S., 54 Farbfotos, Pappband. ●●

Aus eigener Küche **Gute Wurst**
(0948-8) Von J. Bessel, G. Quaas, 80 S., 8 Farbtafeln, kart. ●

Aus lauter Lust und Liebe **Knoblauch**
(0867-8) Von L. Reinirkens, 64 S., 45 Farbfotos, Pappband. ●

Bintje, Irmgard und Sieglinde
Kartoffeln
(1032-X) Von S. Fabke, 64 S., 43 Farb- und 1 s/w-Foto, Pappband. ●

Kartoffelgerichte
(1297-7) Hrsg. I. Feldhaus, 64 S., 64 Farbf., kart. ●

Nudelgerichte
(1293-4) Hrsg. E. Fuhrmann, 64 S., 66 Farbf., kart. ●

Pasta in Höchstform **Nudeln**
(0884-8) Von M. Kirsch, 64 S., 62 Farbfotos, Pappband. ●●

Reis
Basmati, Patna und Arborio
(1209-8) Von K. Iden, 64 S., ca. 50 Farbfotos, Pappband. ●●

Kräftig klar und cremig zart **Feine Suppen**
(1031-1) Von H. Imhof, 64 S., 48 Farbfotos, Pappband. ●

Herzhaftes für Leib und Seele **Eintöpfe**
(0820-1) Von P. Klein, 48 S., 30 Farbfotos, Pappband. ●●

Spezialitäten unter knuspriger Decke
Aufläufe
(0882-1) Von C. Adam, 48 S., 33 Farbfotos, Pappband. ●●

Aufläufe
(1295-0) Hrsg. E. Fuhrmann, 64 S., 62 Farbf., kart. ●

In Hülle und Fülle **Pasteten und Terrinen**
(0883-X) Von M. Kirsch, 48 S., 62 Farbfotos, Pappband. ●●

Die Krönung der feinen Küche **Saucen**
(0817-1) Von G. Cavestri, 48 S., 40 Farbfotos, Pappband. ●●

Schlank und köstlich **Spargel**
(1005-2) Von M. Kirsch, 64 S., 44 Farbfotos, Pappband. ●

Von Aubergine bis Zucchini **Gemüse**
(1061-3) Von H. Cohrs, 64 S., 39 Farbfotos, Pappband. ●●●

Statt Breakfast und Lunch **Brunch**
(1033-8) Von C. Adam, 64 S., 49 Farbfotos, Pappband. ●

Genießen unter freiem Himmel
Picknick
(1208-X) Von A. Ilies, 64 S., ca. 50 Farbfotos, Pappband. ●

Die schönsten Rezepte für
Frühstück und Brunch
(1063-X) Von K. Kruse-Schorling, 80 S., 8 Farbtafeln, kart. ●

Schnelle Küche
Für 2 Personen
(4718-5) freundin-Kochstudio, 80 S., 105 Farbf., Pappband. ●

Zaubern mit der schnellen Welle
Die neue Mikrowellenküche
(4289-2) Von F. Faist, 208 S., 188 Farbfotos, Pappband. ●●●●

Schnell auf den Tisch gezaubert
Kochen mit Mikrowellen
(0818-X) Von A. Danner, 64 S., 52 Farbfotos, Pappband. ●

Das neue Fritieren
geruchlos, schmackhaft und gesund.
(0365-X) Von P. Kühne, 88 S., 8 Farbtafeln, kartoniert. ●

Italienische Vorspeisen **Antipasti**
(1006-0) Von S. Reiter-Westphal, 64 S., 47 Farbfotos, Pappband. ●●

Italienische Küche
(1299-3) Hrsg. E. Fuhrmann, 64 S., 65 Farbf., kart. ●

Schlemmerreise durch die
Italienische Küche
(4172-1) Von V. Pifferi, 160 S., 109 Farbfotos, Pappband. ●●●

Spaghetti, Tagliatelle + Co.
Pasta all'Italiana
(1004-4) Von I. Seyric, 64 S., 57 Farbfotos, Pappband. ●●

Schlemmerreise durch die
Französische Küche
(4296-5) Von H. Imhof, 160 S., 147 Farbfotos, 3 s/w-Fotos, Pappband. ●●●●

Schlemmerreise durch die
Spanische Küche
(4500-X) Von A. Puente, 160 S., ca. 120 Farbfotos, Pappband. ●●●●

Schlemmerreise durch die
Thailändische Küche
(4722-3) Von C. Zingerling, 144 S., 164 Farbf., Pappband. ●●●●

Köstlich fernöstlich
Asiatische Spezialitäten
(1286-1) Von M. Carroll, E. Mognol, 64 S., 49 Farbf., Pappband. ●●

Chinesische Küche
(1289-6) Hrsg. M. Sauerborn, 64 S., 73 Farbf., kart. ●

Schlemmerreise durch die
Chinesische Küche
(4184-5) Von K. H. Jen, 160 S., 117 Farbfotos, Pappband. ●●●

Verheißungsvoll fernöstlich
Spezialitäten aus dem Wok
(0933-X) Von K. H. Jen, 64 S., 56 Farbfotos, Pappband. ●●

Gerichte aus dem
Wok
(1291-8) Hrsg. M. Sauerborn, 64 S., 76 Farbf., kart. ●

Mit Lust und Liebe **Chinesisch Kochen**
(4441-0) Von Ho Fu-Lung, Uli Franz, 176 S., 189 Farbfotos, 29 Zeichnungen, Pappband. ●●●●

Köstliches von Rost und Spieß **Grillen**
(0931-3) Von A. Kalcher-Dähn, H. K. Kalcher, 64 S., 43 Farbfotos, Pappband. ●●

Braten auf dem heißen Stein
(1300-0) Hrsg. R. Donhauser, 64 S., 56 Farbf., kart. ●

Rezepte rund um Raclette und Doppeldecker
(0420-6) Von J. W. Hochscheid, 72 S., 8 Farbtafeln, kart. ●

Schlemmen in geselliger Runde
Fleischfondues
(0966-6) Von M. Spötter, 64 S., 62 Farbfotos, Pappband. ●●

Fondues und Raclettes
(4253-1) Von F. Faist, 160 S., 125 Farbfotos, Pappband. ●●●

Fondues
(1298-5) Hrsg. E. Meyer zu Stieghorst, 64 S., 69 Farbf., kart. ●

Rezepte fürs Raclette
(1290-X) Hrsg. S. Kieslich, 64 S., 59 Farbf., kart. ●

Schmelzendes Käsevergnügen **Raclette**
(0881-3) Von F. Faist, 48 S., 33 Farbfotos, Pappband. ●●

Das köstliche knackige Schlemmervergnügen **Salate**
(4165-9) Von V. Müller, 160 S., 80 Farbfotos, Pappband. ●●●●

Cocktails und Drinks
(1292-6) Hrsg. S. Kieslich, 64 S., 70 Farbf., kart. ●

Fruchtig, spritzig, eisgekühlt
Mixen ohne Alkohol
(0935-6) Von S. Späth, 64 S., 44 Farbfotos, Pappband. ●●

Mit und ohne Alkohol
Longdrinks
(1062-1) Von S. Edelberg, 64 S., 47 Farbfotos, Pappband. ●●

Light Drinks
Mixen mit und ohne Alkohol
(1222-5) Von S. Edelberg, Heike Reith, 64 S., 48 Farbfotos, Pappband. ●●

Cocktails
(4267-1) Von W. R. Hoffmann, W. Hubert, U. Lottring, 160 S., 164 Farbfotos, 1 s/w-Foto, Pappband. ●●●●

Cocktails und Mixereien
für häusliche Feste und Feiern. (0075-8) Von J. Walker, 96 S., 4 Farbtafeln, kart. ●

Die besten Punsche, Grogs und Bowlen
(0575-X) Von F. Dingden, 64 S., 4 Farbt., kart. ●

Schlank werden nach Dr. Hay **Trennkost**
Die bewährten Vollwert-Rezepte von Ursula Summ. (4298-1) Von U. Summ, 96 S., 54 Farbfotos, 1 Zeichnung, kart. ●●

Das große Buch der Trennkost
Neue Rezepte von Ursula Summ
(4498-4) Von U. Summ, 144 S., ca. 100 Farbfotos, Pappband. ●●●

Gesund leben nach Dr. Hay
Cholesterinarme Trennkost
Neue Vollwert-Rezepte von Ursula Summ
(4475-5) Von U. Summ, 96 S., 52 Farbfotos, kart. ●●

Eßlust statt Diätfrust
Die Pfundskur
(1102-4) Von Prof. Dr. V. Pudel, 144 S., 8 s/w-Zeichnungen, 4 Vignetten, kart. ●

Schlank nach Maß
mit der Diät-Computerwaage
(1064-8) Von K. Alisch, 104 S., 8 Farbtafeln, kart. ●●

Gesundes Essen für Berufstätige
Die 4-Wochen-Vollwertkur (1065-6) Von M. Weber, ca. 80 S., 8 Farbtafeln, kart. ●

Hobby und Freizeit

Falken-Handbuch
Zeichnen und Malen
(4167-5) Von B. Bagnall, 336 S., 1154 Farbabb., Pappband. ●●●●●

Punkt, Punkt, Komma, Strich
Zeichnen leicht gemacht
(4721-5) Von H. Witzig, 144 S., 512 s/w-Zeichnungen, Pappband. ●●

Punkt, Punkt, Komma, Strich
Zeichenstunde für Kinder
(0564-4) Von H. Witzig, 144 S., über 250 Zeichnungen, kart. ●

Einmal grad und einmal krumm
Zeichenstunde für Kinder
(0599-7) Von H. Witzig, 144 S., 363 Abb., kartoniert. ●

Figürliches Zeichnen
leicht gemacht
(1010-9) Von H. Witzig, 112 S., 462 Figuren, kartoniert. ●

Airbrush
Kreatives Gestalten mit dem Luftpinsel
(1133-4) Von C. M. Mette, 80 S., 145 Farbfotos, 40 Farbzeichnungen, kartoniert. ●●

Kalligraphie
Die Kunst des schönen Schreibens
(4263-9) Von C. Hartmann, 120 S., 44 Farbvorlagen, 29 s/w-Vorlagen, 2 s/w-Zeichnungen, 38 Farbfotos, Pappband. ●●●●

Gestalten mit Schrift
Kalligraphie
(1044-3) Von I. Schade, 80 S., 2 Farb- und 1 s/w-Foto, 143 Farbzeichnungen, kart. ●●

Aquarellmalerei leicht gelernt
Materialien · Techniken · Motive
(0787-6) Von T. Hinz, R. Braun, B. Zeidler, 32 S., 38 Farbfotos, 1 Zeichn., Pappband. ●●

Hobby Aquarellmalen
Landschaft und Stilleben
(0876-7) Von I. Schade, A. Brück, 80 S., 111 Farbabb., kart. ●●

Hobby Ölmalerei
Landschaft und Stilleben
(0875-9) Von H. Kämper, I. Becker, 80 S., 93 Farbabb., kart. ●

Seidenmalerei in Vollendung
(4414-3) Hrsg. von R. Smend, 160 S., 227 Farbfotos, 36 s/w-Fotos, geprägter Leineneinband mit Schutzumschlag, im Schuber. ●●●●●

Seidenmalerei und Modedesign
Modelle · Techniken · Schnittmuster
(4476-3) Von B. Hansen, 176 S., 140 Farbfotos, 93 Farb-, 68 s/w-Zeichnungen, Papp-band. ●●●●

Seidenmalerei Exklusive Tücher
(1303-5) Von E. Schwinge, 80 S., 79 Farbfotos, 6 Zeichnungen, kart. ●●

Kreative Seidenmalerei
Motive · Muster · Farbenspiel
(4720-7) Von M. Neubacher-Fesser, ca. 136 S., zahlr. Farbabbildungen, Pappband. ●●●●

Seidenmalerei als Kunst und Hobby
(4264-7) Von S. Hahn, 136 S., Farbabb., 1 s/w-Foto, Pappband. ●●●●

Neue zauberhafte Seidenmalerei
Motive und Anregungen aus der Natur
(0924-0) Von R. Henge, 80 S., 148 Farbfotos, 27 s/w-Zeichnungen, kart. ●●

Krawatten, Tücher und Fliegen individuell gestalten
Seidenmalerei
(1242-X) Von A. Reichmann, 64 S., durchgehend vierfarbig, kart. ●●

Kunstvolle Seidenmalerei
Mit zauberhaften Ideen zum Nachgestalten
(0783-3) Von I. Demharter, 32 S., 56 Farbfotos, kart. ●

Aquarellieren auf Seide
Materialien · Techniken · Motive
(0917-0) Von I. Demharter, 32 S., 41 Farbfotos, Pappband. ●

Airbrush auf Seide
(1342-6) Von I. Demharter, 64 S., zahlreiche Farbabbildungen, kart. ●●

Seidenmalerei Bäume und Blätter
(5249-9) Von D. Kosik, 32 S., 5 Farbfotos, 23 Farb- u. 13 s/w-Zeichnungen, kart. ●

Seidenmalerei Landschaften
(5153-0) Von D. Kosik, 32 S., 50 Farbfotos, 12 Zeichnungen, mit Vorlagebogen in Originalgröße, kart. ●

Seidenmalerei Kissen
(5151-4) Von I. Demharter, 32 S., 42 Farbfotos, 2 Zeichnungen, mit Vorlagebogen in Originalgröße, kart. ●

Seidenmalerei Blusen und T-Shirts
(5184-0) Von A. Keller, 32 S., 28 Farbfotos, 12 Zeichnungen, mit Vorlagebogen in Originalgröße, kartoniert. ●

Seidenmalerei Tücher und Schals
(5152-2) Von R. Henge, 32 S., 36 Farbfotos, 1 Zeichnung, mit Vorlagebogen in Originalgröße, kart. ●

Seidenmalerei Tiermotive
(5204-9) Von A. Keller, 32 S., 37 Farbfotos, mit Vorlagebogen in Originalgröße, kart. ●

Serti Designo
Seidenmalerei mit Kreidestiften
(5208-1) Von S. Tichy-Gibley, 32 S., 46 Farbfotos, mit Vorlagebogen in Originalgröße, kart. ●

Seidenmalerei Lampenschirme
(5154-9) Von I. Walter-Ammon, 32 S., 47 Farbfotos, 1 Zeichnung, mit Vorlagebogen in Originalgröße, kart. ●

Seidenmalerei Blüten, Blätter, Ranken
(5165-4) Von D. Kosik, 32 S., 35 Farbfotos, 4 Zeichnungen, mit Vorlagebogen in Originalgröße, kart. ●

Seidenmalerei Schmuckkarten und Miniaturbilder
(5166-2) Von I. Walter-Ammon, 32 S., 37 Farbfotos, 2 Zeichnungen, mit Vorlagebogen in Originalgröße, kart. ●

Akzente mit Perlen, Pailetten und Straß
Seidenmalerei
(5248-0) Von A. Keller, 32 S., ca. 50 Farbfotos, mit Vorlagebogen in Originalgröße, kart. ●

Seidenmalerei Bilder in Konturentechnik
(5182-4) Von I. Demharter, 32 S., 28 Farbfotos, 2 Zeichnungen, mit Vorlagebogen in Originalgröße, kart. ●

Seidenmalerei Applikationen
(5224-3) Von J. Bressau, 32 S., 50 Farbfotos, mit Vorlagebogen in Originalgröße, kart. ●

Moderne Stoffmalerei
(1358-2) Von H. Sander, ca. 64 S., zahlr. Farbabbildungen, kart. ●●

Perfekt Stricken
Mit Sonderteil Häkeln.
(4250-7) Von H. Jaacks, 256 S., 703 Farbfotos, 169 Farb- und 121 s/w-Zeichnungen, Pappband. ●●●●

Das moderne Standardwerk
Nähen
(4709-6) Von S. Rudzinski, 176 S., vierfarbig, Pappband. ●●●●

Marionetten
selbst bauen und führen
(1043-5) Von D. Kröhnen, 80 S., 150 Farbfotos, mit Schnittmusterbogen, kartoniert. ●●

Fingerpuppen
Bastelspaß mit Kindern ab 5 Jahren
(5239-1) Von B. Höfler, P. Simm, 32 S., ca. 50 Farbabb., mit Vorlagebogen in Originalgröße, kart. ●

Hampelmänner
Basteln mit Kindern ab 5 Jahren
(5240-5) Von F. Michalski, 32 S., ca. 50 Farbabb., mit Vorlagebogen in Originalgröße, kart. ●

Künstlerpuppen
im 20. Jahrhundert
(4719-3) Von R. Höckh, 160 S., 192 Farbfotos, 26 s/w-Fotos, Pappband. ●●●●●

Charakterpuppen
aus Cernit und Porzellan selbst gestalten
(1156-3) Von S. Becker, 64 S., 143 Farbfotos, 30 Zeichnungen, 13 Vignetten, mit Schnittmusterbogen, kartoniert. ●●

Puppen zum Liebhaben
(5199-9) Von B. Wehrle, 32 S., 27 Farbfotos, 9 s/w-Zeichnungen, mit Vorlagebogen in Originalgröße, kartoniert. ●

Teddybären
Sechs beliebte Modelle
(5159-X) Von Y. Thalheim, H. Nadolny, 32 S., 46 Farbfotos, 9 Zeichnungen, mit Vorlagebogen in Originalgröße, kart. ●

Neue zauberhafte Salzteig-Ideen
(0719-1) Von I. Kiskalt, 80 S., 324 Farbfotos, 12 Zeichnungen, Schablonen, kart. ●●

Salzteig kinderleicht
(0973-9) Von I. Kiskalt, 80 S., 224 Farbfotos, 8 Zeichnungen, kart. ●●

Kreatives gestalten mit Ton
Töpfern ohne Scheibe – Aufbaukeramik
(0896-1) Von A. Riedinger, 80 S., 207 Farbfotos, 16 Zeichnungen, 7 Vignetten, kart. ●●

Kreatives Gestalten mit Ton
Töpfern auf der Scheibe
(0971-2) Von A. Riedinger, 80 S., 28 Farbund 3 s/w-Zeichnungen, 178 Farbfotos, kartoniert. ●●

Hobby Glaskunst in Tiffany-Technik
(0781-7) Von N. Köppel, 80 S., 194 Farbfotos, 6 s/w-Abb., kart. ●

Tiffany-Lampen selbermachen
Arbeitsanleitung · Materialien · Modelle
(0004-3) Von I. Spilletloft, 32 S., 60 Farbfotos, 19 Zeichnungen, Pappband. ●

Fensterschmuck in Tiffany-Technik
(5168-9) Von P. Matz, 32 S., 43 Farbfotos, mit Vorlagebogen in Originalgröße, kart. ●

Tiffany-Technik
und andere kunstvolle Arbeiten in Glas
(0972-0) Von D. Köhnen, 80 S., 176 Farbfotos, 5 s/w-Zeichnungen, kart. ●●

Modeschmuck selbst modellieren
(5196-4) Von K. Eichler, 32 S., 51 Farbfotos, mit Vorlagebogen in Originalgröße, kartoniert. ●

Effekt-Color
Phantasievolle Schmuck- und Deko-Ideen
(5207-3) Von A. Hahn, 32 S., 55 Farbfotos, mit Vorlagebogen in Originalgröße, kart. ●

Rocailles
Perlenschmuck
(5209-X) Von L. und E. Weiler, 32 S., 45 Farbfotos, 2 Zeichnungen, mit Vorlagebogen in Originalgröße ●

Perlenschmuck
(5221-X) Von H. Büderer, 32 S., 50 Farbfotos, mit Vorlagebogen in Originalgröße, kartoniert. ●

Masken
phantasievoll dekorieren
(5155-7) Von Chr. Familler, 32 S., 48 Farbfotos, mit Vorlagebogen in Originalgröße, kart. ●

Laubsägearbeiten für das Kinderzimmer
(5245-6) Von H.-P. Krafft, 32 S., ca. 50 Farbfotos, mit Vorlagebogen in Originalgröße, kart. ●

Schwingtiere aus Holz gestalten
(5222-7) Von der Arbeitsgem. Werken, 32 S., 50 Farbfotos, mit Vorlagebogen in Originalgröße, kartoniert. ●

Drachen
bauen und steigen lassen. (0767-1) Von W. Schimmelpfennig, 80 S., 1 dreiseitige Ausklapptafel, 55 Farbfotos, 139 Zeichnungen, kart. ●●●

Lenkdrachen
bauen und fliegen
(1011-7) Von W. Schimmelpfennig, 64 S., 51 Farbfotos und 126 Zeichnungen, kartoniert. ●●

Drachen
Einfache Modelle für Kinder
(5156-5) Von W. Schimmelpfennig, 32 S., 11 Farbfotos, 31 Zeichnungen, mit Vorlagebogen, kart. ●

Das große farbige
Bastelbuch für Kinder
(4254-X) Von U. Barff, I. Burkhardt, J. Maier, 224 S., 157 Farbfotos, 430 Farb- und 60 s/w-Zeichnungen, mit Schnittmusterbogen, Pappband. ●●●

Origami
Tiere aus aller Welt
(5250-2) Von J. Maier, 32 S., 19 Farbfotos, 68 Farb- u. 16 s/w-Zeichnungen, kart. ●

Hobby Origami
Papierfalten für groß und klein
(0756-6) Von Z. Aytüre-Scheele, 80 S., 820 Farbfotos, kart. ●●

Neue zauberhafte Origami-Ideen
Papierfalten für groß und klein
(0805-8) Von Z. Aytüre-Scheele, 80 S., 720 Farbfotos, kart. ●●

Zauberwelt Origami
Tierfiguren aus Papier
(1045-1) Von Z. Aytüre-Scheele, 80 S., 660 Farbfotos, kartoniert. ●●

Pergamano
Pergamentpapier filigran gestalten
(5202-2) Von J. Allmann, 32 S., 51 Farbfotos, 5 Zeichnungen, mit Vorlagebogen in Originalgröße, kart. ●

Kreatives Gestalten mit Papiermaché
(5246-4) Von B. Jetzek-Berkenhaus, 32 S., ca. 50 Farbfotos, mit Vorlagebogen in Originalgröße, kart. ●

Marmorieren
Muster · Techniken · Gestaltungsideen
(5247-2) Von T. Hartel, 32 S., ca. 50 Farbfotos, mit Vorlagebogen in Originalgröße, kart. ●

Heut basteln wir mit Pappe und Papier
(4413-5) Von U. Barff, J. Maier, 224 S., 117 Farbfotos, 480 Farbzeich., 25 s/w-Abb., mit Schnittmusterbogen, Pappband. ●●●

Das große farbige Bastel- und Werkbuch
(4439-9) Von D. Rex, 256 S., 999 Farbfotos, 33 Farbzeichnungen, Pappband. ●●●

Mein liebstes Spiel- und Bastelbuch
Die Welt der Dinosaurier
Tiere und Landschaften zum Selbermachen
Ausbrechen, aufstellen, spielen
(4478-X) Von B. Barchet, 8 Blatt mit herauslösbaren Motiven, 280-g-Karton mit Stanzung, 8 S. Bastelanleitung und Sachinformation. ●

Fensterbilder in Scherenschnitt
(5169-7) Von A. Hahn, 32 S., 52 Farbfotos, 3 s/w-Fotos, mit Vorlagebogen in Originalgröße, kart. ●

Fensterbilder
Meine Lieblingstiere
(5197-2) Von Y. Thalheim, H. Nadolny, 32 S., 38 Farbfotos, mit Vorlagebogen in Originalgröße, kartoniert. ●

Fensterbilder Lustige Tiere
(5210-3) Von F. Michalski, 32 S., 47 Farbfotos, mit Vorlagebogen in Originalgröße, kart. ●

Fensterbilder Dinosaurier
(5260-X) Von C. Hüfner, 32 S., 8 Farbfotos, 47 Farbzeichnungen, Bastelbogen, kart. ●

Mit Farben und Papieren
Fenster dekorieren
(5255-3) Von K. Groß, 32 S., 8 Farbfotos, 59 Farbzeichnungen, kart. ●

Originelle Fensterbilder
aus Tonpapier und Tonkarton
(1305-1) Von D. Köhnen, 64 S., 70 Farbfotos, kart. ●●

Die schönsten Fensterbilder
(1066-4) Von C. Kimmerle, 64 S., 100 Farbfotos, 7 Farbzeichnungen, kart. ●●

Das Fensterbilder-Alphabet
Basteln mit Kindern ab 5 Jahren
(5242-1) Von E. Bohne, 32 S., ca. 50 Farbabb., mit Vorlagebogen in Originalgröße, kart. ●

Märchenhafte Fensterbilder
(5185-9) Von J. Maier, 32 S., 37 Farbfotos, mit Vorlagebogen in Originalgröße, kart. ●

Fensterbilder Blumen und Tiere
(5186-7) Von M. Twachtmann, 32 S., 41 Farbfotos, 3 Zeichnungen, mit Vorlagebogen in Originalgröße, kartoniert. ●

Fensterschmuck
Originelle Ideen für Dekorationen und Fensterbilder
(1241-1) Von D. Köhnen, 64 S., ca. 70 Farbfotos, Vorlagebogen, kart. ●●

Papierflieger
(5157-3) Von T. Gött, 32 S., 73 Farbfotos, 19 Zeichnungen mit Vorlagebogen in Originalgröße, kart. ●

Windspielzeug
Bastelspaß mit Kindern ab 5 Jahren
(5241-3) Von D. Köhnen, 32 S., ca. 50 Farbabb., mit Vorlagebogen in Originalgröße, kart. ●

Faltschnitte
(5257-X) Von B. Blankenburg, 32 S., 12 Farbfotos, 18 Farbzeichnungen, Vorlagebogen, kart. ●

Laternen und Lampions
(5206-5) Von C. Hüfner, 32 S., 60 Farbfotos, mit Vorlagebogen in Originalgröße, kart. ●

Mobiles aus Papier
(5183-2) Von J. Maier, 32 S., 17 Farbfotos, 35 Farbzeichnungen, mit Vorlagebogen in Originalgröße, kartoniert. ●

Tiermobiles
(5258-8) Von C. Hüfner, 32 S., 57 Farbzeichnungen, Vorlagebogen, kart. ●

Bastelideen für Indianerspiele
(5252-9) Von B. Nelich, D. Velte, 32 S., 38 Farbfotos, Vorlagebogen, kart. ●

Der große Verkleidungsspaß
Kinderkostüme
(1304-3) Von C. Baumgarten, 53 Farbfotos, 183 Farbzeichnungen, Vorlagebogen, kart. ●●

Schachteln basteln und dekorieren
(5170-0) Von Chr. Adjano, 32 S., 55 Farbfotos, mit Vorlagebogen in Originalgröße, kart. ●

Deco Art
Die Kunst, Geschenke zu verpacken
(0949-6) Von B. Niermann, 80 S., 78 Farbfotos, 191 Zeichnungen, kart. ●●

Geschenke wunderschön verpacken
(1113-X) Von P. Jansen, 80 S., 79 Farbfotos, 166 Farbzeichnungen, kart. ●●

Geschenke umweltfreundlich verpacken
(1240-3) Von P. Jansen, 64 S., vierfarbige Fotos und Illustrationen, kart. ●●

Geldgeschenke
für Kinder originell verpacken
(5253-7) Von S. Boczkowski-Sigges, 32 S., 31 Farbfotos, Vorlagebogen, kart. ●

Geldgeschenke
phantasievoll gestalten
(5251-0) Von P. Jansen, 32 S., 49 Farbfotos, Vorlagebogen, kart. ●

Kleine Geschenke selbst basteln
(5259-6) Von M. Schorege, 32 S., 13 Farbfotos, 44 Farbzeichnungen, Vorlagebogen, kart. ●

Geldgeschenke · Gutscheine · Geschenkanhänger
originell gestalten und verpacken
(1115-6) Von S. Haenitsch-Weiß, A. Weiß, 80 S., 176 Farbfotos, kart. ●

Geschenke verpacken für Kinderfeste
(5195-6) Von C. Netolitzky, 32 S., 43 Farbfotos, mit Vorlagebogen in Originalgröße, kartoniert. ●

Originelles Ambiente für Gäste
Festdekorationen
(1049-4) Von B. Niermann, 80 S., 125 Farbfotos, 59 Farbzeichn., kartoniert. ●●

Dekorative Schleifen
aus Bändern und Papier
(5205-7) Von M. Schorege, 32 S., 28 Farbfotos, 31 Zeichnungen, mit Vorlagebogen in Originalgröße, kart. ●

Dekorieren und Arrangieren mit Seidenblumen
(5200-6) Von M. L. Sprang, 32 S., 37 Farbfotos, 14 Farbzeichnungen, mit Vorlagebogen in Originalgröße, kartoniert. ●

Glückwunschkarten
(5179-4) Von A. Kolb, B. Michel, 32 S., 54 Farbfotos, mit Vorlagebogen in Originalgröße, kartoniert. ●

Schmuck- und Glückwunschkarten
Papierarchitektur · Collagen · Faltschnittkarten
(1114-8) Von C. Sanladerer, 64 S., 55 Farbfotos, 31 Zeichnungen, kart. ●●

Einladungs-, Tisch- und Menükarten
selbst gestalten
(1302-7) Von S. Haenitsch-Weiß, 80 S., zahlreiche Farbabbildungen, kart. ●●

Osterschmuck
Neue Ideen für Kränze, Sträuße, Gestecke
(5267-7) Von I. Gleim, ca. 32 S., zahlreiche Farbabbildungen, kart. ●

Ostereier originell dekorieren
(5219-7) Von W. Velte, 32 S., 44 Farbfotos, mit Vorlagebogen in Originalgröße, kartoniert. ●

Dekorationen für Ostern
(5198-0) Von Y. Thalheim, H. Nadolny, 32 S., 48 Farbfotos mit Vorlagebogen in Originalgröße, kart. ●

Fensterbilder für die Osterzeit
(5244-8) Von R. Lübke, D. Lübke, 32 S., ca. 50 Farbfotos, mit Vorlagebogen in Originalgröße, kart. ●

Basteln für Ostern
(5164-6) Von Chr. Adjano, 32 S., 47 Farbfotos, mit Vorlagebogen in Originalgröße, kartoniert. ●

Ostereier
Basteln mit Kindern ab 5 Jahren
(5243-X) Von Vera Ettelt, 32 S., mit Spielebogen, kart. ●

Tischdekorationen für Ostern
(5220-0) Von Chr. Adjano, 32 S., 49 Farbfotos, mit Vorlagebogen in Originalgröße, kartoniert. ●

Weihnachtsgeschenke schön verpacken
Schachteln · Dekorationen · Geschenkpapiere
(4469-0) Von Present Team, 10 vierfarbige Bogen 250-g-Karton mit Stanzung, 4 Bogen Geschenkpapier + 4 S. Einleitung. ●●●

Basteln und dekorieren für Advent und Weihnachten
(4446-1) Von G. Teusen, C. Netolitzky, 176 S., 285 Farbfotos, mit Bastelvorlagebogen, Pappband. ●●●●

Lustige Bastelideen für die Weihnachtszeit
(5256-1) Von B. Löschenkohl, 32 S., 8 Farbfotos, 69 Farbzeichnungen, Vorlagebogen, kart. ●

Basteln für Weihnachten
(5162-X) Von Chr. Adjano, 32 S., 44 Farbfotos, mit Vorlagebogen in Originalgröße, kartoniert. ●

Fensterdekorationen für die Weihnachtszeit
(5181-6) Von Y. Thalheim, H. Nadolny, 32 S., 33 Farbfotos, mit Vorlagebogen in Originalgröße, kartoniert. ●

Fensterbilder für Advent und Weihnachten
(5211-1) Von M. Schorege, 32 S., 24 Farbfotos, 15 Zeichnungen, mit Vorlagebogen in Originalgröße, kartoniert. ●

Adventskränze und weihnachtliche Gestecke
(5203-0) Von Y. Thalheim, H. Nadolny, 32 S., 43 Farbfotos, mit Vorlagebogen in Originalgröße, kartoniert. ●

Adventskalender
(5178-6) Von Y. Thalheim,H. Nadolny, 32 S., 35 Farbfotos, mit Vorlagebogen in Originalgröße, kartoniert. ●

Duftsträuße und Potpourris
(1239-X) Von A. Effelsberg, 80 S., ca. 200 vierfarbige Abb., kart. ●●

Trockenblumenideen
Gewürzsträuße, Gestecke, Kränze, Buketts
(0643-0) Von R. Strobel-Schulze, 88 S., 170 Farbfotos, kartoniert. ●●

Neue zauberhafte Trockenblumen-Ideen
(0821-X) Von R. Strobel-Schulze, 80 S., 163 Farbfotos, kart. ●●

Phantasievolles Schminken
Verzauberte Gesichter für Maskeraden, Laienspiele und Kinderfeste
(0907-X) Hrsg.: H. u. Y. Nadolny, 64 S., 227 Farbfotos, kartoniert. ●●

Schminken für Kinder
(5177-8) Von Y. Thalheim, H. Nadolny, 32 S., 68 Farbfotos, mit Vorlagebogen in Originalgröße, kart. ●

Moderne Fotopraxis
(4401-1) Von G. Koshofer, Prof. H. Wedewardt, 224 S., 363 Farbfotos, 106 s/w-Fotos, 5 Farb- und 24 s/w-Zeichnungen, Pappband. ●●●

Mach dir ein Bild
Praxistips für Foto, Film und Video
(4410-0) Von G. Staab, 208 S., 202 Farbfotos, 175 s/w-Fotos, 1 Zeichnung, Pappband. ●●●●

So macht man bessere Fotos
(1158-X) Von G. Koshofer, 144 S., 259 Farbfotos, 25 s/w-Fotos, kartoniert. ●●

Videografieren
Filmen mit Video 8. Technik – Bildgestaltung – Schnitt – Vertonung.
(0843-0) Von M. Wild, K. Möller, 120 S., 101 Farbfotos, 22 s/w-Fotos, 52 Zeichnungen, kart. ●●●

Videografieren perfekt
Profitricks für Aufnahmetechnik und Nachbearbeitung
(0969-X) Von W. Schild, 120 S., 144 Farbabb., 5 s/w-Zeichnungen, kart. ●●

Do it yourself und Technik

Do it yourself Heimwerken
(4117-9) Von T. Pochert, 456 S., 1103 Farbfotos, 100 Farbabb., Pappband. ●●●●

Drechseln
Material · Technik · Beispiele
(1306-X) Von G. Maier, 72 S., 195 Farbbildungen, 14 s/w-Zeichnungen, kart. ●●

Do it yourself Dachgeschoß- und Innenausbau
(1243-8) Von C. von Mallinckrodt, ca. 96 S., zahlreiche vierfarbige Fotos und Zeichnungen, kart. ●●

Do it yourself Sanitärinstallationen
(1118-0) Von W. Kawlath, 96 S., 214 Farbabbildungen, kartoniert. ●●

Do it yourself Metall bearbeiten
(1119-9) Von O. Maier, 96 S., 230 Farbfotos, 6 s/w-Zeichnungen, kartoniert. ●●

Do it yourself Elektroarbeiten
(0975-5) Von K. H. Schubert, 120 S., 193 Farbfotos, 40 Zeichnungen, kartoniert. ●●

Alarmanlagen
für Wohnung, Haus, Auto
(1308-6) Von H.-W. Bastian, ca. 64 S., zahlreiche Farbabbildungen, kart. ●●

Hifi-Boxen
(1307-8) Von P. Röbke-Doerr, J. Knoff-Beyer, ca. 80 S., zahlreiche Farbabbildungen, kart. ●●

Restaurieren von Möbeln
Stilkunde, Materialien, Techniken, Arbeitsanleitungen in Bildfolgen.
(4120-9) Von E. Schnaus-Lorey, 152 S., 37 Farbfotos, 75 s/w-Fotos, 352 Zeichnungen, Pappband. ●●●●

Elektronik als Hobby
Von der Grundlagenschaltung zum integrierten Schaltkreis
Mit 8 wichtigen Universalplatinen
(4293-0) Von W. Priesterath, 264 S., 80 s/w-Fotos, 128 Zeichnungen, Pappband. ●●●●

Kleine Welt auf Rädern
Das faszinierende Spiel mit Modelleisenbahnen
(4175-6) Von F. Eisen, 256 S., 72 Farb- und 180 s/w-Fotos, 25 Zeichnungen, Pappband. ●●●●

Die Super-Sportwagen der Welt
(4423-2) Von H. G. Isenberg, 194 S., 184 Farbfotos, 4 farbige Ausklapptafeln, 32 s/w-Fotos, Pappband. ●●●●

Die Super-Oldtimer der Welt
(4465-8) Von H. G. Isenberg, 194 S., 161 Farb- und 36 s/w-Fotos, 4 Ausklapptafeln, Pappband. ●●●●

Die Super-Rennwagen der Welt
(4707-X) Von H. G. Isenberg, 194 S., 189 Farbfotos, 31 s/w-Fotos, Pappband. ●●●●

Die Super-Trucks der Welt
(4257-4) Von H. G. Isenberg, 194 S., 205 Farbfotos, 87 s/w-Fotos, 7 Farbzeichnungen, 4 farb. Ausklapptafeln, Pappband. ●●●●

Die Super-Motorräder der Welt
(4193-4) Von H. G. Isenberg, 192 S., 170 Farb- und 100 s/w-Fotos, 8 Zeichnungen, Pappband. ●●●●

Die Super-Eisenbahnen der Welt
(4287-6) Von W. Kosak, H. G. Isenberg, 224 S., 269 Farbfotos, 79 s/w-Fotos, 8 Vignetten, 5 farb. Ausklapptafeln, Pappband. ●●●●

Die Super-Dampfloks der Welt
(4480-1) Von H. Faust, H. G. Isenberg, 194 S., 193 Farbfotos, mit vier Ausklapptafeln, Pappband. ●●●●

Plastikmodellbau
Autos, Schiffe, Flugzeuge in vollendeter Technik.
(1116-4) Von W. Kawlath, 96 S., 272 Farbabbildungen, kartoniert. ●●

Sport und Fitneß

Olympia '92
Barcelona, Albertville
(4713-4) Von H. Faßbender, 272 S., 414 Farbfotos, Pappband. ●●●●

Neue Lehrmethoden der Judo-Praxis
(0424-9) Von P. Herrmann, 223 S., 475 Abb., kartoniert. ●●

Judo perfekt 1
(1249-7) Von K. Fuchs, 128 S., kart. ●●

Fußwürfe
für Judo, Karate und Selbstverteidigung.
(0439-7) Von H. Nishioka, übers. von H. J. Heese, 96 S., 260 Abb., kart. ●●

Karate 1
zur Selbstverteidigung
(1312-4) Von M. Nakayama, 96 S., 315 s/w-Fotos, 5 Zeichn., kart. ●●

Karate 2
zur Selbstverteidigung
(**1362**-0) Von M. Nakayama, ca. 96 S., zahlr.
s/w-Abb., kart. ●●

Nakayamas Karate perfekt 1
Einführung.
(**0487**-7) Von M. Nakayama, 136 S.,
605 s/w-Fotos, kart. ●●

Nakayamas Karate perfekt 2
Grundtechniken.
(**0512**-1) Von M. Nakayama, 136 S.,
354 s/w-Fotos, 53 Zeichnungen, kart. ●●

Nakayamas Karate perfekt 3
Kumite 1: Kampfübungen.
(**0538**-5) Von M. Nakayama, 128 S.,
424 s/w-Fotos, kart. ●●

Nakayamas Karate perfekt 4
Kumite 2: Kampfübungen.
(**0547**-4) Von M. Nakayama, 128 S.,
394 s/w-Fotos, kart. ●●

Nakayamas Karate perfekt 5
Kata 1: Heian, Tekki.
(**0571**-7) Von M. Nakayama, 144 S.,
1229 s/w-Fotos, kart. ●●

Nakayamas Karate perfekt 6
Kata 2: Bassai-Dai, Kanku-Dai.
(**0600**-4) Von M. Nakayama, 144 S.,
1300 s/w-Fotos, 107 Zeichnungen, kart. ●●

Nakayamas Karate perfekt 7
Kata 3: Jitte, Hangetsu, Empi.
(**0618**-7) Von M. Nakayama, 144 S.,
1988 s/w-Fotos, 105 Zeichnungen, kart. ●●

Nakayamas Karate perfekt 8
Gankaku, Jion.
(**0650**-0) Von M. Nakayama, 144 S.,
1174 s/w-Fotos, 99 Zeichnungen, kart. ●●

Karate
(**2308**-1) Von A. Pflüger, 96 S., 134 Farbfotos,
4 s/w-Zeichnungen, kart. ●●

Bo-Karate
Habo-Jitsu – die Techniken des Stock-
kampfes.
(**0447**-8) Von G. Stiebler, 176 S., 424 s/w-
Fotos, 38 Zeichnungen, kart. ●●

Karate 1
Einführung · Grundtechniken.
(**0227**-0) Von A. Pflüger, 144 S., 195 s/w-
Fotos, 120 Zeichnungen, kart. ●

Karate 2
Kombinationstechniken · Katas.
(**0239**-4) Von A. Pflüger, 176 S., 452 s/w-
Fotos und Zeichnungen, kart. ●●

Karate Kata 1
Heian 1–5, Tekki 1, Bassai-Dai.
(**0683**-7) Von W.-D. Wichmann, 164 S.,
703 s/w-Fotos, kart. ●●

Karate Kata 2
Jion, Empi, Kanku-Dai, Hangetsu.
(**0723**-X) Von W.-D. Wichmann, 140 S.,
661 s/w-Fotos, 4 Zeichnungen, kart. ●●

Karate Kata 3
Bassai Sho, Kanku Sho, Nijushiho, Sochin.
(**1120**-2) Von W.-D. Wichmann, 144 S.,
598 s/w-Fotos, 4 Grafiken, kart. ●●

Bruce Lees Kampfstil 1
Grundtechniken
(**0473**-7) Von B. Lee, M. Uyehara, 109 S.,
220 Abb., kart. ●

Bruce Lees Kampfstil 2
Selbstverteidigungs-Techniken
(**0486**-9) Von B. Lee, M. Uyehara, 128 S.,
310 Abb., kart. ●

Bruce Lees Kampfstil 3
Trainingslehre
(**0503**-2) Von B. Lee, M. Uyehara, 112 S.,
246 Abb., kart. ●

Bruce Lees Kampfstil 4
Kampftechniken
(**0532**-7) Von B. Lee, M. Uyehara, 104 S.,
211 Abb., kart. ●

Kung-Fu 1
Legende · Philosophie · Grundtechniken
(**0891**-0) Von Chr. Yim, 152 S., 401 s/w-Fotos,
2 s/w-Zeichnungen, kart. ●●

Kung-Fu und Thai-Chi
Grundlagen und Bewegungsabläufe
(**0367**-6) Von B. Tegner, 182 S., 370 s/w-
Fotos, kart. ●●

Kung Fu
Theorie und Praxis klassischer und moderner
Stile
(**0376**-5) Von M. Pabst, 160 S., 330 Abbildungen, kartoniert. ●●

Bruce Lees Jeet Kune Do
(**0440**-0) Von B. Lee, 192 S., mit 105 eigen-
händigen Zeichnungen von B. Lee, kart. ●●

Shaolin-Kempo · Kung Fu
Chinesisches Karate im Drachenstil.
(**0395**-1) Von R. Czerni, K. Konrad, 246 S.,
723 Abb., kart. ●●

Kickboxen
Fitneßtraining und Wettkampfsport.
(**0795**-7) Von G. Lemmens, 96 S., 208 s/w-
Fotos, 23 Zeichnungen, kart. ●●

Ninja 1
Die Lehre der Schattenkämpfer.
(**0758**-2) Von S. K. Hayes, übers. von
J. Schmit, 144 S., 137 s/w-Fotos, kart. ●●

Ninja 2
Die Wege zum Shoshin.
(**0763**-9) Von S. K. Hayes, übers. von
J. Schmit, 160 S., 309 s/w-Fotos, 2 Zeichnungen, kart. ●●

Ninja 3
Der Pfad des Togakure-Kämpfers.
(**0764**-7) Von S. K. Hayes, übers. von
J. Schmit, 144 S., 197 s/w-Fotos, 2 Zeichnungen, kart. ●●

Ninja 4
Das Vermächtnis der Schattenkämpfer.
(**0807**-4) Von S. K. Hayes, übers. von
J. Schmit, 196 S., 466 s/w-Fotos, kart. ●●

Taekwondo perfekt 1
Die Formenschule bis zum Blaugurt.
(**0890**-2) Von K. Gil, Kim Chul-Hwan, 176 S.,
439 s/w-Fotos, 107 Zeichnungen, kart. ●●

Taekwondo perfekt 2
Die Formenschule vom Blau- bis zum
Schwarzgurt.
(**0976**-3) Von K. Gil, K. Chul-Hwan, 192 S.,
461 s/w-Fotos, 112 Zeichnungen, kart. ●●

Taekwondo perfekt 3
(**1068**-0) Von K. Gil, K. Chul-Hwan, 200 S.,
429 s/w-Fotos, kartoniert. ●●

Taekwondo perfekt 4
(**1250**-0) Von K. Gil, 160 S., zahlreiche
s/w-Fotos und Schrittdiagramme, 17 Übungs-
tafeln zum Herausnehmen, kart. ●●●

Ju-Jutsu 1
Grundtechniken · Moderne Selbstverteidigung.
(**0276**-9) Von W. Heim, F. J. Gresch, 164 S.,
450 s/w-Fotos, 8 Zeichn., kart. ●

Ju-Jutsu 2
für Fortgeschrittene und Meister.
(**0378**-1) Von W. Heim, F. J. Gresch, 160 S.,
798 s/w-Fotos, kart. ●●

Ju-Jutsu 3
Spezial-, Gegen- und Weiterführungs-
Techniken · Stockkampfkunst.
(**0485**-0) Von W. Heim, F. J. Gresch, 200 S.,
über 600 s/w-Fotos, kart. ●●

Aikido
Lehren und Techniken des harmonischen
Weges.
(**0537**-7) Von R. Brand, 280 S., 697 Abb.,
kart. ●●

Hap Ki Do
Koreanische Selbstverteidigung nach dem
Lehrsystem des Großmeisters.
(**0379**-X) Von Kim Sou Bong, 112 S., 152 Abb.,
kart. ●●

Dynamische Tritte
Grundlagen für den Zweikampf.
(**0438**-9) Von C. Lee, 96 S., 398 s/w-Fotos,
10 Zeichnungen, kart. ●●

Super-Tritte
(**1248**-9) Von W. Wallace, 136 S., kart. ●●

Selbstverteidigung
Abwehrtechniken für Sie und Ihn.
(**0853**-8) Von E. Deser, 96 S., 259 s/w-Fotos,
kart. ●

Die Faszination athletischer Körper
Bodybuilding
mit Weltmeister Ralf Möller.
(**4281**-7) Von R. Möller, 128 S., 169 Farbfotos,
14 s/w-Fotos, 1 Farbzeichnung, Pappband.
●●●●

Ladyfitneß
Das neue Körperbewußtsein der Frau
Bodyshaping · Körperpflege · Ernährung ·
Entspannung
(**4433**-X) Von Prof. Dr. S. Starischka, B. Grabis,
D. von Cramm, G. W. Kienitz, 128 S., 227 Farb-
fotos, Pappband. ●●●●

Bodybuilding für Frauen
Wege zu Ihrer Idealfigur
(**0661**-6) Von H. Schulz, 112 S., 84 s/w-Fotos,
4 Zeichnungen, kart. ●

Bodybuilding
(**2314**-6) Von L. Spitz, 112 S., 203 Farbabbildungen, 10 Tabellen. ●●

Leistungsfähiger durch Krafttraining
Eine Anleitung für Fitness-Sportler, Trainer
und Athleten.
(**0617**-9) Von W. Kieser, 96 S., 20 s/w-Fotos,
62 Zeichnungen, kart. ●

Krafttraining
Wirbelsäulengerechte Übungen an und mit
Geräten
(**1309**-4) Von A. Balk, 40 S., 8 Bildtafeln,
Spiralbindung. ●●●

Hanteltraining zu Hause
(**0800**-7) Von W. Kieser, 80 S., 71 s/w-Fotos,
4 Zeichnungen, kartoniert. ●

Fit und gesund
Fitneßtraining und Bodybuilding zu Hause.
Trainingsprogramme für Ihr Wohlbefinden.
(**0782**-5) Von Prof. Dr. S. Starischka, 80 S.,
100 Farbfotos, 3 Zeichnungen, kart. ●●

Optimale Ernährung
für Krafttraining und Bodybuilding.
(**0912**-7) Von B. Dahmen, 88 S., 8 Farbtafeln,
8 Zeichnungen, kart. ●

Fit mit Bio-Training
für Kraft, Ausdauer und Schnelligkeit.
(**2310**-3) Von L. Spitz, 112 S., 197 Farbfotos,
11 Farb- und 4 s/w-Zeichnungen, kart. ●●

Aufwärmen
Übungen und Programme für Sport und Spiel
(**1311**-6) Von Dr. H. Wolff, 40 S., 8 Bildtafeln,
Spiralbindung. ●●●

Fitneßtraining
Empfohlen vom Deutschen Sportbund
(**1245**-4) Von Marianne Schreiber, 32 S.,
Spiralbindung mit Ausklapptafeln. ●●

Wirbelsäulengymnastik
Empfohlen vom Deutschen Sportbund
(**1246**-2) Von L. Keller, 40 S., Spiralbindung
mit Ausklapptafeln. ●●

Stretching
Empfohlen vom Deutschen Sportbund
(**1247**-0) Von A. Balk, 40 S., Spiralbindung
mit Ausklapptafeln. ●●

Gesund und fit durch Konditionstraining und Wirbelsäulengymnastik
(0844-9) Von R. Milser und K. Grafe, 104 S., 99 Farbfotos, 12 Farbzeichnungen, 5 s/w-Zeichnungen, kart. ●●

Fit mit Tai Chi
als sanfte Körpererfahrung
(2305-7) Von B. u. K. Moegling, 112 S., 121 Farbfotos, 6 Farb- u. 1 s/w-Zeichnungen kart ●●

Isometrisches Training
Übungen für Muskelkraft und Entspannung.
(0529-6) Von L. M. Kirsch, 104 S., 150 s/w-Fotos, kart. ●●

Stretching
Mit Dehnungsgymnastik zu Entspannung, Geschmeidigkeit und Wohlbefinden.
(0717-5) Von H. Schulz, 80 S., 90 s/w-Fotos, kart.●

Stretching
(2304-9) Von B. Kurz, 96 S., 255 Farbfotos, kart. ●

Gesund und fit durch Gymnastik
(0366-8) Von H. Pilss-Samek, 88 S., 130 Abb., kart. ●

Fit und frisch
Gymnastik für die ganze Familie
(6501-9) Von G. Sieber, 104 S., 306 Farbfotos, 5 Farbzeichnungen, kart., mit Audiokassette, Laufzeit 30 Min. ●●●

Fit mit Laufen
(2315-4) Von W. Sonntag, 96 S., 60 Farbfotos, 8 Farbzeichnungen, kart. ●●

ZDF Sportjahr 92
Rekorde · Siege · Schicksale · Ergebnisse
(4729-0) Hrsg. B. Heller, 208 S., 306 Farbf., Pappband. ●●●

Freeclimbing
Technik und Training
(1251-9) Von T. Strobl, 144 S., durchgehend vierfarbig, kart. ●●●

Skateboard
Material · Technik · Fahrpraxis
(1104-0) Von F. Böhm, M. Rieger, 96 S., 321 Farbabbildungen, kartoniert. ●●●

Fit mit Sportschießen
(2312-X) Von H. Gabelmann, 96 S., 44 Farbabbildungen, 3 s/w-Fotos, 19 s/w-Zeichnungen, kart. ●●

Fechten
Florett · Degen · Säbel.
(0449-4) Von E. Beck, 88 S., 185 Fotos, 10 Zeichnungen, kart. ●●

Fit mit Sportabzeichen
(2307-3) Von G. Hennige, 104 S., 107 Farbfotos, kart. ●●

Fit mit Volleyball
(2302-2) Von Dr. A. Scherer, 104 S., 27 Farb- und 1 s/w-Foto, 12 Farb- und 29 s/w-Zeichnungen, kart. ●●

Fußball
(2309-X) Von H. Obermann, P. Walz, 112 S., 47 Farbfotos, 18 Farb- und 25 s/w-Zeichnungen, kart. ●●

Sepp Maier
Super-Torwart-Training
(4451-8) Von S. Maier, 168 S., 30 Farb- und 34 s/w-Fotos, 236 zweifarbige Zeichnungen, Pappband. ●●

SportRegeln Fußball
Die offiziellen Regeln
Wissenswertes von A bis Z
(1096-6) 104 S., 36 s/w-Fotos, 27 Zeichnungen, kart. ●●

Handball
Technik · Taktik · Regeln.
(0426-5) Von F. und P. Hattig, 128 S., 91 s/w-Fotos, 121 Zeichnungen, kart. ●●

Handball
Grundlagen für Training und Spiel
(2321-9) Von H.-P. Oppermann, 120 S., 39 Farbtafeln, 12 s/w-Fotos, 108 Farbzeichnungen, kartoniert. ●●

SportRegeln Handball
Die offiziellen Regeln
Wissenswertes von A bis Z
(1099-6) 88 S., 32 s/w-Fotos, 14 Zeichnungen, kart. ●

SportRegeln Rugby
Die offiziellen Regeln
Wissenswertes von A bis Z
(1216-0) 96 S., zahlreiche zweifarbige Abb., kart. ●

Tennis
Technik · Taktik · Regeln.
(0375-7) Von W. u. S. Taferner, 112 S., 81 Abb., kart. ●

SportRegeln Tennis
Die offiziellen Regeln
Wissenswertes von A bis Z
(1097-4) 88 S., 24 s/w-Fotos, 6 Zeichnungen, kart. ●

Tischtennis-Technik
Der individuelle Weg zu erfolgreichem Spiel.
(0775-2) Von M. Perger, 144 S., 296 Abb., kart. ●●

SportRegeln Tischtennis
Die offiziellen Regeln
Wissenswertes von A bis Z (1212-7) 96 S., zahlreiche zweifarbige Abb., kart. ●

Badminton
Technik · Taktik · Training.
(0699-3) Von K. Fuchs, L. Sologub, 168 S., 51 Abb., kart. ●●

Squash
(2311-1) Von P. Langhammer, R. Michna, 96 S., 86 Farbfotos, 13 Farbzeichn., kart. ●●

Squash
Ausrüstung · Technik · Regeln
(0539-3) Von D. von Horn, H.-D. Stünitz, 96 S., 55 s/w-Fotos, 25 Zeichnungen, kart. ●

SportRegeln Squash
Die offiziellen Regeln
Wissenswertes von A bis Z
(1100-8) 64 S., 11 s/w-Fotos, 23 Zeichnungen, kart. ●

SportRegeln Golf
(1315-9) Ca. 96 S., zahlr. s/w- Abb., kart. ●

Golf
Ausrüstung und Technik.
(0343-9) Von J. C. Jessop, 96 S., 57 Abb., Anhang Golfregeln des DGV, kart. ●

Eishockey
Lauf- und Stocktechnik, Körperspiel, Taktik, Ausrüstung und Regeln.
(0414-1) Von J. Capla, 264 S., 548 s/w-Fotos, 163 Zeichnungen, kart. ●●●

Billard
Grundstöße · Viertelbillard und Freie Partie
(1313-2) Von Dr. H. Stingel, ca. 128 S., ca. 200 Farbabb., kart. ●●●

Grundlagen für Training und Spiel
Pool-Billard
(2318-9) Von B. Pejcic, R. Meyer, 96 S., durchgehend vierfarbig, kart. ●●

Pool-Billard
(0484-2) Herausgegeben vom Deutschen Pool-Billard-Bund. Von M.Bach, K.-W. Kühn, 104 S., 64 Abb., kart. ●

Reiten
(2322-7) Von T. Eckholt, 128 S., durchgehend vierfarbig, kart. ●●

Tanzstunde
Das Welttanzprogramm leicht gelernt
(4409-2) Von G. Hädrich, 164 S., 489 s/w-Fotos, 63 Zeichnungen, Pappband. ●●●

Wir lernen Tanzen
(0200-9) Von E. Fern, 152 S., 119 s/w-Fotos, 47 Zeichnungen, kartoniert. ●●

Anmutig und fit durch
Bauchtanz
(0911-9) Von Marta, 120 S., 229 Farbfotos, 6 s/w-Zeichnungen, kart. ●●●

Sporttauchen
Theorie und Praxis des Gerätetauchens
(0647-7) Von J. Mäßig, 144 S., 0 Farbtafeln, 35 s/w-Fotos, 89 Zeichnungen, kart. ●●

Fit mit Sporttauchen
(2320-0) Von Dr. F. Naglschmid, 112 S., 71 Farbfotos, 22 Farbzeichnungen, kart. ●●

Angelfischerei von Aal bis Zander
Fische · Geräte · Technik.
(0324-2) Von H. Oppel, 72 S., 16 Farbtafeln, 49 s/w-Abb., kart. ●

Angeln
Kleine Fibel für den Sportfischer.
(0198-3) Von E. Bondick, 80 S., 4 Farbtafeln, 116 Abb., kart. ●

Fit mit Surfen
(2317-3) Von H. Mönster, K.-H. Eden, B. Bohr, 104 S., 110 Farbfotos, 23 s/w-Zeichnungen, kartoniert. ●●

TELESKI
Skigymnastik perfekt
(1037-0) Von M. Vorderwülbecke, G. Kern, 120 S., 220 Farbfotos, 16 farbige Grafiken, 19 Farbzeichnungen, kartoniert. ●●

Snowboarding
Ausrüstung · Fahrtechnik · Wettkämpfe
Videokassette (6139-0) VHS, ca. 45 Min., in Farbe. ●●●●*

Fibel für Kegelfreunde
Sport- und Freizeitregeln · Bowling
(0191-6) Von G. Bocsai, 72 S., 62 Abb., kart. ●

111spannende Kegelspiele
(2031-7) Von H. Regulski, 80 S., 53 Zeichnungen, kart. ●

Beliebte und neue
Kegelspiele
(0271-8) Von H. Regulski, 92 S., 62 Abbildungen, kartoniert. ●

Mensch und Gesundheit

Der moderne Ratgeber
Wir werden Eltern
Schwangerschaft · Geburt · Erziehung des Kleinkindes.
(4269-8) Von B. Nees-Delaval, 376 S., 335 2-farbige Abb., Pappband. ●●●●

Ich bekomme ein Baby
Wegweiser für Schwangerschaft und Geburt
(1254-3) Von B. Nees-Delaval, 144 S., durchgehend zweifarbig, kart. ●●

Wenn der Mensch zum Vater wird
Ein heiter-besinnlicher Ratgeber
(4259-0) Von D. Zimmer, 160 S., 20 Zeichnungen, Pappband. ●●●

Vorbereitung auf die Geburt und
Schwangerschaftsgymnastik
Atmung, Rückbildungsgymnastik,
(0251-3) Von S. Buchholz, 112 S., 98 s/w-Fotos, kartoniert. ●

Die Kunst des Stillens
nach neuesten Erkenntnissen (0701-9) Von Prof. Dr. med. E. Schmidt, S. Brunn, 112 S., 20 Fotos und Zeichnungen, kart. ●

Das Babybuch
Pflege · Ernährung · Entwicklung
(0531-8) Von A. Burkert, 96 S., 76 zweifbg. Zeichnungen, 22 s/w-Zeichnungen, kart. ●●

Babyfitneß
Massage, Spiele, Gymnastik und Schwimmen
für Kinder im 1. Lebensjahr
(1034-6) Von G. Zeiß, 112 S., 179 zweifarbige
Illustrationen, , kartoniert. ●●●

Wenn Kinder krank werden
Medizinischer Ratgeber für Eltern
(4240-X) Von B. Nees-Delaval, 232 S., 163
Zeichnungen, Pappband. ●●●

Keinen Mann um jeden Preis
Das neue Selbstverständnis der Frau in der
Partnerbeziehung
(4440-2) Von Shere Hite, Kate Colleran,
208 S., Pappband. ●●●

Total verknallt … und keine Ahnung?
Alles über Liebe, Sex und Zärtlichkeit
(1024-9) Von H. Bruckner, R. Rathgeber,
104 S., 38 Abbildungen, kartoniert. ●●
Streitfeinheiten für Körper und Seele

Partnermassage
(4444-5) Von Chr. Unseld-Baumanns, 136 S.,
145 Farbfotos, Pappband. ●●●●

Wörterbuch der Medizin
(4535-2) 400 S., 229 Farbf., Pappband.
●●●●

Bildatlas des menschlichen Körpers
(4177-2) Von G. Pogliani, V. Vannini, 112 S.,
402 Farbabb., 28 s/w-Fotos, Pappband.
●●●●

Nahrungsmittelallergien
So ernähren Sie sich richtig!
(0913-5) Von Priv.-Doz. Dr. med. Dr. med.
habil. J. von Mayenburg, Prof. Dr. med. Dr.
phil. S. Borelli, E. Polster, 136 S., kart. ●●

Arteriosklerose
Risikofaktoren/Vorbeugung/Therapie
Richtige Ernährung bei erhöhtem Choleste-
rinspiegel.
(1020-6) Von Prof. Dr. med. G. Assmann, Dr.
troph. U. Wahrburg, 192 S., 84 farb. Abb.,
4 s/w-Zeichnungen, kartoniert. ●●●

Asthma
Pseudokrupp, Bronchitis und Lungen-
emphysem
Krankheitsbilder · Diagnose · Therapie
(1126-1) Von Prof. Dr. med. W. Schmidt,
S. Erteld, 152 Seiten, 110 zweifarbige Zeichnungen, kartoniert. ●●●

Diabetes
Krankheitsbild, Therapie, Kontrollen,
Schwangerschaft, Sport, Urlaub, Alltags-
probleme. Neueste Erkenntnisse der Diabe-
tesforschung. (0895-3) Von Dr. med. H. J.
Krönke, 120 S., 4 Farbtafeln, 14 s/w-Fotos,
13 s/w-Zeichnungen, kartoniert. ●

**Das moderne Hausbuch der
Naturheilkunde**
Neueste Erkenntnisse der Ganzheitsmedizin
von Akupressur bis Zelltherapie.
(4403-8) Von G. Leibold, 448 S., 263 Farbzeichn., 15 s/w-Fotos, , Pappband. ●●●●●

Naturkosmetik
Die Grundlagen gesunder und natürlicher
Hautpflege.
(1080-X) Von N. E. Haas, 120 S., 63 Farbabb.,
kartoniert. ●●
Die sanfte Art des Heilens

Homöopathie
Praktische Anwendung und Arzneimittellehre
(4418-X) Von J. H. P. Kreuter, 216 S., 49 Zeichnungen, Pappband. ●●●

Aromatherapie
Gesundheit und Entspannung durch äthe-
rische Öle.
(1131-8) Von K. Schutt, 96 S., 40 zweifarbige
Abbildungen, kartoniert. ●●

Heilatmen
Ein Weg zu Lebenskraft und innerer
Harmonie
(1047-8) Von K. Schutt, 112 S., 57 zweifarbige
Abb., kartoniert. ●●

Wetterfühligkeit
Vorbeugen und behandeln
Der Einfluß von Wetter und Klima auf Körper
und Psyche.
(0998-4) Von Dipl.-Met. H. Trenkle, fachl.
Beratung Prof. Dr. V. Faust, 120 S., 8 Farb-
tafeln, 31 zweifarbige Abbildungen und
Tabellen, kartoniert. ●●●●
Bewährte Naturheilverfahren bei

Herz-Kreislauf-Erkrankungen
(1084-2) Von Dr. med. O. Wolff, G. Leibold,
104 S., kartoniert. ●

Risiko Herzinfarkt
(1217-9) Von Dr. C. Halhuber, Prof. Dr. M. J.
Halhuber, 160 S., durchgehend zweifarbig,
kart. ●●●

Krebsangst und Krebs behandeln
Mit einem Vorwort von Prof. Dr. med. Fred
rich Douwes.
(0839-2) Von G. Leibold, 104 S., kartoniert. ●
Bewährte Naturheilverfahren bei

Krebs
(1082-6) Hrsg. H.-R. Heiligtag, 88 S., kartoniert. ●

Heilen mit Blütenenergien
nach Dr. Bach
(1141-5) Von J. Wenzel, ca. 96 S., kart. ●
Bewährte Naturheilverfahren bei

Migräne und Schlafstörungen
(1081-8) Von G. Leibold, Dr. med. H. Chr.
Scheiner, 112 S., kartoniert. ●

Gesunder Schlaf
Schlafstörungen ohne Medikamente erfolgreich behandeln.
(1036-2) Von D. H. Alke, 88 S., 22 s/w-Abb.,
mit Audiokassette, kartoniert. ●●●
Natürliche Behandlungsmethoden bei

Rückenschmerzen
Massage · Gymnastik · Entspannung
(4447-X) Von Prof. Dr. med. H. Hess, K. Eder,
H.-J. Montag, K. Schutt, 152 S., 168 Farbabbildungen, Pappband. ●●●

TELE-Rückenschule
Wohlbefinden durch bewußte Körpererfahrung
(1310-8) Von K. Haak, 64 S., 19 Farb-, 24
s/w-Fotos, 24 Zeichn., 2 Ausklapptafeln, mit
Audiokassette, kart. ●●●●

TELE-Rückenschule
Wohlbefinden durch bewußte Körper-
erfahrung
Videokassette (6108-0) VHS, ca. 60 Min., in
Farbe, mit Broschüre. ●●●●*

Rheuma behandeln und lindern
Mit einem Vorwort von Dr. med. Max-Otto
Bruker.
(0836-8) Von G. Leibold, 96 S., kartoniert. ●

Besser sehen durch Augentraining
Ein Gesundheitsprogramm zur Verbesserung
des Sehvermögens.
(0914-3) Von K. Schutt, B. Rumpler, 96 S.,
32 s/w-Zeichnungen, kartoniert. ●
So arbeitet das

Immunsystem
(1253-5) Von V. Friebel, I. Ledvina, A. Roß-
meier, 192 S., durchgehend zweifarbig, kart.
●●●

Allergien behandeln und lindern
Mit einem Vorwort von Prof. Dr. med. Axel
Stemmann.
(0840-6) Von G. Leibold, 96 S., 4 Zeichnungen, kartoniert. ●

Enzyme
Vitalstoffe für die Gesundheit
(0677-2) Von G. Leibold, 96 S., kartoniert. ●

Besser leben durch Fasten
(0841-4) Von G. Leibold, 96 S., kartoniert. ●

Die echte Schroth-Kur
(0797-3) Von Dr. med. R. Schroth, 88 S.,
2 s/w-Fotos, kartoniert. ●

Massagetechniken und Heilanzeigen
Reflexzonentherapie
(4404-6) Von G. Leibold, 128 S., 53 Farbzeichnungen, Pappband. ●●●

Akupressur zur Eigenbehandlung
(0417-6) Von G. Leibold, 112 S., 78 Abb.,
kartoniert. ●

Shiatsu-Massage
Harmonisierung der Energieströme im
Körper
(0615-2) Von G. Leibold, 196 S., 180 Abb.,
kartoniert. ●

Fußsohlenmassage
Heilanzeigen · Technik · Selbsthilfe
(0714-0) Von G. Leibold, 96 S., 38 Zeichnungen, kartoniert. ●

Entspannung und Schmerzlinderung durch
Massage
(0750-7) Von B. Rumpler, K. Schutt, 112 S.,
116 zweifarbige Zeichnungen, kart. ●

Gesundheit und Entspannung durch
Massage
(1317-5) Von K. Schutt, ca. 176 S., ca. 200
zweifbg. Abb., kart. ●●●●

Entspannung
(0834-1) Von Dr. med. Chr. Schenk, 88 S.,
29 Zeichnungen, kart. ●

Autogenes Training
Ein Programm zur Streßbewältigung
(1278-0) Von Dr. P. Kruse, B. Pavlekovic,
K. Haak, 112 S., durchgehend zweifarbig,
kart. ●●●

Erfolg und Lebensfreude durch
**Autogenes Training und Psycho-
kybernetik**
(1035-4) Von D. H. Alke, 80 S., 2 s/w-Zeich-
nungen, mit Audiokassette, kartoniert. ●●●
Chinesisches Schattenboxen

Tai-Ji-Quan
für geistige und körperliche Harmonie
(0850-3) Von F.T. Lie, 120 S., 221 s/w-Fotos,
9 s/w-Zeichnungen, Beilage: 1 s/w-Poster mit
zahlreichen Abbildungen, kart. ●●

Yoga für jeden
(1277-2) Von K. Zebroff, 144 S., Spiralbindung, durchgehend vierfarbig, kart. ●●●

Yoga
Weg zur Harmonie
(4417-1) Von A. Harf, W. von Rohr, 176 S., 171
Farbfotos, 12 s/w-Zeichnungen, Pappband.
●●●●

**Yoga gegen Haltungsschäden und
Rückenschmerzen**
(0394-3) Von A. Raab, 104 S., 215 Abb., kartoniert. ●

PfundsKur Kochbuch
(4726-6) Von F. Metzler, ca. 112 S., zahlr.
Farbabbildungen, Pappband. ●●●

Fit ohne Fett
Die neue PfundsKur
(1370-1) Von Prof. Dr. V. Pudel, ca. 144 S.,
kart. ●

Die aktuelle
Ballaststofftabelle
(1288-8) Von Dr. H. Oberritter, 80 S., kart. ●

Neue Rezepte für **Diabetiker-Diät**
Vollwertig · abwechslungsreich · kalorienarm
(0418-4) Von M. Oehlrich, 96 S., 8 Farbtafeln,
kartoniert. ●

**Diät bei Herzkrankheiten und
Bluthochdruck**
Rezeptteil von B. Zöllner
(3202-1) Von Prof. Dr. med. H. Rottka, 92 S.,
4 Farbtafeln, kartoniert. ●

**Diät bei Erkrankungen der Nieren, Harn-
wege und bei Dialysebehandlung**
Rezeptteil von B. Zöllner
(3203-X) Von Prof. Dr. med. Dr. h. c. H. J. Sarre
und Prof. Dr. med. K. Kluthe, 96 S., 33 Farbfotos, 1 s/w-Zeichnung, kartoniert. ●●

Richtige Ernährung wenn man älter wird
Rezeptteil von B. Zöllner
(3204-8) Von Prof. Dr. med. H.-J. Pusch, 96 S.,
36 Farbfotos und 3 s/w-Zeichnungen, kartoniert. ●●

Diät bei Darmkrankheiten
Durchfall · Divertikulose, Reizdarm und Darm-
trägheit · einheimische Sprue (Zöllakie) ·
Disaccharidasemangel · Dünndarmresektion ·
Dumping Syndrom, Rezeptteil von B. Zöllner.
(3211-0) Von Prof. Dr. med. G. Strohmeyer,
88 S., 4 Farbtafeln, kartoniert. ●●

Diät bei Gicht und Harnsäuresteinen
Rezeptteil von B. Zöllner.
(3205-6) Von Prof. Dr. med. N. Zöllner, 112 S.,
35 Farbtafeln, kartoniert. ●●

Diät bei Zuckerkrankheit
Rezeptteil von B. Zöllner (3206-4) Von Prof.
Dr. med. P. Dieterle, 112 S., 42 Farbfotos,
4 vierfarbige Vignetten, 1 s/w-Zeichnung,
kartoniert. ●●

**Diät bei Störungen des Fettstoffwechsels
und zur Vorbeugung der Arteriosklerose**
Rezeptteil von B. Zöllner.
(3208-0) Von Prof. Dr. med. G. Wolfram,
102 S., 32 Farbfotos, kartoniert. ●●

**Ballaststoffreiche Kost bei Funktions-
störungen des Darms**
Rezeptteil von B. Zöllner.
(3212-9) Von Prof. Dr. med. H. Kasper, 96 S.,
34 Farbfotos, 1 s/w-Foto, kart. ●●

**Diät bei Krankheiten des Magens und
Zwölffingerdarms**
Rezeptteil von B. Zöllner.
(3201-3) Von Prof. Dr. med. H. Kaess, 96 S.,
35 Farbfotos, 1 s/w-Zeichnung, kartoniert
●●

**Diät bei Krankheiten der Gallenblase,
Leber und Bauchspeicheldrüse**
Rezeptteil von B. Zöllner.
(3207-2) Von Prof. Dr. med. H. Kasper, 88 S.,
35 Farbfotos, 1 s/w-Zeichnung, , kart. ●●

Diät bei Übergewicht
Rezeptteil von B. Zöllner.
(3209-9) Von Prof. Dr. med. Ch. Keller, 104 S.,
42 Farbfotos, 3 s/w-Zeichnungen, kart. ●●

Garten und Tiere

FALKEN Gartenjahr
(4730-4) Von K. Greiner, A. Weber, P.
Michaeli-Achmühle, ca. 320 S., zahlreiche
Farbabbildungen, Pappband. ●●●

Garten heute
Der moderne Ratgeber · Über 1000 Farbbil-
der. (4283-3) Von H. Jantra, 384 S., über
1000 Farbabb., Pappband. ●●●●

Helmut Jantras Gartenbuch
Obst · Gemüse · Blumen
(4522-0) Von H. Jantra, 200 S., 395 Farbfotos, 123 Farbzeichnungen, 25 Tabellen,
Pappband. ●●

1000 ganz bewährte Garten-Tips
(4453-4) Von H. Jantra, 320 S., 288 zweifbg.
und 62 s/w-Zeichn., Pappband. ●●●

Obst, Gemüse, Blumen, Gras
Gärtnern macht den Kindern Spaß
(4517-4) Von U. Krüger, 96 S., 85 Farbfotos,
180 Farbzeichnungen, Pappband. ●●

Rosen
Auswahl · Pflege · Gestaltung
(1183-0) Von H. Jantra, 120 S., 200 Farbfotos,
20 Farbzeichnungen, 8 Bepflanzungspläne,
kartoniert. ●●

Erfolgstips für den Obstgarten
Gesunde Früchte durch richtige Sortenwahl
und Pflege
(0827-9) Von F. Mühl, 184 S., 16 Farbtafeln,
33 Zeichnungen, kartoniert. ●●

Erfolgstips für den Gemüsegarten
Mit naturgemäßem Anbau zu höherem
Ertrag. (0674-8) Von F. Mühl, 80 S.,
30 s/w-Fotos, 4 Zeichnungen, kartoniert. ●●

Obstgehölze sachgemäß schneiden
(1127-X) Von P. G. Wilhelm, 136 S.,
8 s/w-Abb., 367 Zeichnungen, kartoniert.
●●

**Erfolgreich gärtnern mit
Frühbeet und Folie**
(0828-7) Von Dr. Gustav Schoser, 88 S.,
8 Farbtafeln, 46 s/w-Fotos, kartoniert. ●

Aktion Garten ohne Gift
Gesunde Umwelt durch natürlichen Pflanzen-
schutz.
Ein Praxis-Handbuch von E. Hoplitschek u. B.
M. Tegethoff. (4425-9) 176 S., 250 Farbfotos,
35 Farb- und 29 s/w-Zeichnungen, Pappband. ●●●●

Kompost im Hausgarten
herstellen und anwenden
(1258-6) Von H. Abels, J. Jöstingmeier, ca. 30
zweifarbige Zeichnungen, kart. ●

Der naturgemäße Zier- und Wohngarten
Anlegen · Gestalten · Pflegen
(0748-5) Von I. Gabriel, 128 S., 72 Farbfotos,
46 Farbzeichnungen, kartoniert. ●●

Natürlich gärtnern unter Glas und Folie
Anbauen und ernten rund ums Jahr
(0722-1) Von I. Gabriel, 128 S., 62 Farbfotos,
45 Farbzeichnungen, kartoniert. ●●

Dekorative Kübelpflanzen
Auswahl und Pflege
(1074-5) Von H. Jantra, 112 S., 180 Farbfotos,
35 Farbzeichnungen, kartoniert. ●●

Blütenpracht auf Balkon und Terrasse
(0928-3) Von M. Haberer, 88 S., 139 Farbfotos, kartoniert. ●●

Moderne Gartengestaltung
(1255-1) Von K. Greiner, A. Weber, 128 S., mit
Rasterbogen und Planelementen zum Aus-
schneiden, ca. 120 Farbfotos, ca. 20 vierfarbige Pläne, kart. ●●●

Gestaltungsideen für
Schöne Gärten
(4482-8) Von H. Jantra, 168 S., 309 Farbfotos, 3 s/w-Fotos, , Pappband. ●●●●●

Der pflegeleichte Hausgarten
(1170-9) Von H. Jantra, 112 S., vierfarbige
Abb., kart. ●●

Schöne Kräutergärten
(1256-X) Von H. Jantra, 112 S., vierfarbige
Abb., kart. ●●

Kleingärten
Planen · Anlegen · Pflegen
(1015-X) Von H. Jantra, 88 S., 123 Farbfotos,
1 s/w-Foto, 14 Farbzeichnungen, , kart. ●●

Reihenhausgärten
Planen · Anlegen · Pflegen
(1016-8) Von H. Jantra, 104 S., 134 Farbfotos,
45 Farbzeichnungen, kart. ●●

Kletterpflanzen
Mit Sonderteil Dachbegrünung
(4546-8) Von U. Mehl, K. Werk, 128 S., ca.
150 Farbfotos, farbige und s/w-Zeichnungen,
Pappband. ●●●●

Steingärten Wirkungsvoll gestalten und
sachgerecht pflegen
(4452-6) Von A. Throll-Keller, 128 S., 203
Farbf., 56 Farbzeichn., Pappband. ●●●●

Gartenteiche, Tümpel und Weiher
naturnah anlegen und pflegen
(1073-7) Von Dr. F. Liedl, H. Goos, 80 S.,
87 Farbfotos, 39 Farbzeichnungen, kart. ●

Wasser im Garten
Von der Vogeltränke zum Naturteich ·
Natürliche Lebensräume selbst gestalten.
(4230-2) Von H. Hendel, P. Keßeler, 240 S.,
315 Farbabb., 11 s/w-Fotos, Pappband.
●●●●●

Pflanzen und Tiere für den Gartenteich
(1171-7) Von W. Costa, 128 S., 169 Farbfotos,
40 Farbzeichnungen, 8 Bepflanzungspläne,
kartoniert. ●●

Wintergärten
Das Erlebnis, mit der Natur zu wohnen.
Planen, Bauen und Gestalten.
(4256-6) Von LOG ID, 136 S., 130 Farbfotos,
107 Zeichnungen, Pappband. ●●●●

Rund ums Jahr erfolgreich gärtnern
Gewächshäuser
planen · bauen · einrichten · nutzen
(4408-9) Von Dr. G. Schoser, J. Wolff, 232 S.,
368 Farbabb., 5 s/w-Fotos, Pappband.
●●●●●

Das moderne Handbuch **Zimmerpflanzen**
(4416-X) Von H. Jantra, 304 S., 766 Farbfotos,
64 Farb- und 19 s/w-Zeichnungen, Pappband.
●●●●●

**365 Erfolgstips für schöne Zimmer-
pflanzen**
(0893-7) Von H. Jantra, 144 S., 215 Farbfotos,
kartoniert. ●●

Dekorative Blattpflanzen
Auswahl und Pflege
(1128-8) Von H. Jantra, 128 S., 198 Farbfotos,
20 Farbzeichnungen, kartoniert. ●●

Prof. Stelzers grüne Sprechstunde
Gesunde Zimmerpflanzen
Krankheiten erkennen und behandeln.
Mit neuem Diagnosesystem.
(4274-4) Von Prof. Dr. G. Stelzer, 192 S., 410
Farbfotos, 10 s/w-Zeichnungen, Pappband.
●●●●

Hydrokultur
Pflanzen ohne Erde – mühelos gepflegt.
(0944-5) Von H.-A. Rotter, 144 S., 167 Farbfotos, 13 Farbzeichnungen, kart. ●●

Gesunde Pflanzen in
Hydrokultur
(1257-8) Von H.-A. Rotter, 80 S.,
ca. 60 s/w-Zeichnungen, 8 Farbtafeln,
kart. ●

Bonsai Japanische Miniaturbäume und
Miniaturlandschaften. Anzucht, Gestaltung
und Pflege.
(4091-1) Von B. Lesniewicz, 160 S., 106 Farbfotos, 46 s/w-Fotos, 115 Zeichnungen, gebunden. ●●●●

Fibel für Kakteenfreunde
(0199-1) Von H. Herold, 102 S., 23 Farbfotos,
37 s/w-Abb. kartoniert. ●

Grzimek Juniors **BUNTE TIERWELT**
(4295-7) Von Chr. Grzimek, 208 S., 308 Farbfotos, Pappband. ●●●

Hunde
Rassen · Ausbildung · Pflege · Zucht
(4118-7) Von H. Bielfeld, 192 S., 222 Farb-
und 73 s/w-Abb., Pappband. ●●●●

Das neue Hundebuch
Rassen · Aufzucht · Pflege (0009-X) Von W.
Busack, überarbeitet von Dr. med. vet. A. H.
Hacker und H. Bielfeld, 112 S., 8 Farbtafeln,
27 s/w-Fotos, 6 Zeichnungen, kartoniert. ●

**Alles über Dackel, Teckel und Dachs-
hunde**
(1079-6) Von M. Wein-Gysae, 80 S.,
46 Farbfotos, 2 zweifarbige Zeichnungen,
kart. ●●

Hundeausbildung
Verhalten · Gehorsam · Ausbildung
(0346-3) Von R. Menzel, 88 S., 26 Fotos,
kartoniert. ●

Grundausbildung für Gebrauchshunde
Schäferhund, Boxer, Rottweiler, Dobermann,
Riesenschnauzer, Airedaleterrier, Hovawart
und Bouvier.
(0801-5) Von M. Schmidt und W. Koch. 104 S.,
8 Farbtafeln, 51 s/w-Fotos, 5 s/w-Zeich-
nungen, kartoniert. ●●

Der Hund in der Familie
(1014-1) Von J. Werner, 128 S., 106 Farbfotos, kartoniert. ●●

Der Deutsche Schäferhund
(1091-5) Von U. Förster, 112 S., 47 Farbzeichnungen, 2 s/w-Fotos, kartoniert. ●●

Der Deutsche Schäferhund
Aufzucht · Pflege und Ausbildung
(0073-1) Von A. Hacker, 104 S., 56 Abbildungen, kartoniert. ●

Alles über junge Hunde
(0863-5) Von Dr. med. vet. E. M. Bartenschlager, 64 S., 49 Farbfotos, 6 Zeichnungen, kartoniert. ●●

Richtige Hundeernährung
(0811-2) Von Dr. med. vet. E. M. Bartenschlager, 80 S., 51 Farbfotos, 4 Farbzeichn, kartoniert. ● ●

Hundekrankheiten
(1077-X) Von Dr. med. vet. R. Spangenberg, 96 S., 44 Farb- und 1 s/w-Foto, 22 Farbzeichnungen, kartoniert. ●●

Von Ajax bis Zamperl
Die beliebtesten Hunde-Namen
(1174-1) Von H.-J. Schließke, ca. 80 S., kartoniert. ●

Katzen
Rassen · Verhalten · Pflege · Zucht
(4158-6) Von B. Gerber, 176 S., 294 Farb- und 88 s/w-Fotos, Pappband. ●●●●

Das neue Katzenbuch
Rassen · Aufzucht · Pflege.
(0427-3) Von B. Eilert- Overbeck, 120 S., 14 Farbfotos, 26 s/w-Fotos, kartoniert. ●

Katzenkrankheiten
erkennen und behandeln
(1078-8) Von Dr. med. vet. R. Spangenberg, 104 S., 40 Farbfotos und 11 Farbzeichnungen, kartoniert. ●●

Junge Katzen
(0862-7) Von Dr. med. vet. E. M. Bartenschlager, 72 S., 40 Farbfotos, 4 Farbzeichnungen, kartoniert. ●

Pferde
(4186-1) Von H. Werner, 176 S., 196 Farb- und 50 s/w-Fotos, 100 Zeichnungen, Pappband. ●●●●

Reiten im Bild
(0415-X) Von H. Werner, 128 S., 142 Farbfotos, 107 Farbzeichnungen, kartoniert. ●●

Der Hobby-Imker
(0978-X) Von Dr. R. F. A. Moritz, 144 S., 106 zweifarbige Zeichnungen, kartoniert. ●●

Geflügelhaltung als Hobby
(0749-3) Von M. Baumeister, H. Meyer, 184 S., 8 Farbtafeln, 47 s/w-Fotos, 15 zweifarbige Zeichnungen, kartoniert. ●●

Sittiche und kleine Papageien
(0864-3) Von Dr. med. vet. E. M. Bartenschlager, 88 S., 84 Farbfotos, 9 Zeichnungen, kartoniert. ●●

Alles über Großsittiche
(1320-5) Von H. Bielfeld, 88 S., 88 Farbfotos, 3 Farbzeichnungen, kart. ●●

Alles über Wellensittiche
(1129-6) Von H. Bielfeld, 64 S., 53 Farbfotos, 3 Zeichnungen, kartoniert. ●●

Alles über Kanarienvögel
(0901-1) Von H. Schnoor, 64 S., 58 Farbfotos und Zeichnungen, kartoniert. ●●

Die Tiersprechstunde
Artgerechte Vogelfütterung im Winter
(0908-9) Von Dr. W. Keil, 64 S., 51 Farbfotos und Zeichnungen, kartoniert. ●

Elternlose Jungvögel
Erste Hilfe · Aufzucht · Auswilderung
(1319-1) Von I. Polaschek, 80 S., 80 Farbfotos, 5 Farbzeichnungen, kart. ●●

Süßwasser-Aquarium
(4191-8) Von H. J. Mayland, 288 S., 564 Farbfotos, 75 Zeichnungen, Pappband. ●●●●●

Die Tiersprechstunde
Gesunde Fische im Süßwasseraquarium
(1013-3) Von H. J. Mayland, 96 S., 73 Farbfotos, 10 Zeichnungen, kartoniert. ●●

Alles über Zwerg- und Goldhamster
(1012-5) Von M. Mettler, 96 S., 96 Farbfotos, kartoniert. ●●

Alles über Chinchillas und Degus
(1130-X) Von M. Mettler, 96 S., 80 Farbfotos, 3 Zeichnungen, kartoniert. ●●

Alles über Meerschweinchen
(0809-0) Von Dr. med. vet. E. M. Bartenschlager, 72 S., 43 Farbfotos, 11 Farbzeichnungen, kartoniert. ●●

Alles über Zwergkaninchen
(1075-3) Von M. Mettler,. 64 S., 52 Farbfotos, kartoniert. ●●

Alles über Rennmäuse
(1318-3) Von M. Mettler, 80 S., 74 Vignetten, kart. ●●

Reise

Der Metternich 93
(4728-2) Hrsg. C. Arius, 560 S., 288 Farbfotos, Pappband. ●●●●

Berlin
Die neue Metropole
(1145-8) Von R. Mader, 96 S., 116 Farbfotos, 15 hist. Landschafts- und Städteabbildungen,1 Stadtplan, kartoniert. ●●

An der Ostseeküste in Mecklenburg
(1137-7) Von R. Mader, 96 S., 95 Farbfotos, 18 hist. Städte- und Landschaftsabbildungen, kartoniert. ●●

Der Thüringer Wald und die Dichterstädte
(1135-0) Von R. Mader, 96 S., 95 Farbfotos, 17 hist. Landschafts- und Städteabbildungen, kartoniert. ●●

Dresden
Barockperle an der Elbe
(1134-2) Von R. Mader, 96 S., 97 Farbfotos, 13 hist. Landschafts- und Städteabbildungen, 1 s/w-Foto, 1 aufklappbarer Stadtplan, kart. ●●

Vom Spreewald zur Lausitz
(1136-9) Von R. Mader, 96 S., 95 Farbfotos, 11 hist. Landschafts- und Städteabbildungen, 1 Panoramakarte, kartoniert. ●●

FALKEN Video
Reiseziel Berlin
(6067-X) VHS, ca. 60 Minuten, in Farbe, Kompaktreiseführer mit Panoramakarte im Taschenformat. ●●●●●'

FALKEN Video
Reiseziel USA
Der Südwesten mit LAS VEGAS und den schönsten Sehenswürdigkeiten in den ROCKY MOUNTAINS.
(6055-6) VHS, ca. 60 Minuten, in Farbe, Kompaktreiseführer mit Panoramakarte im Taschenformat. ●●●●●'

FALKEN Video
Info-Tour USA
Die Highlights aus dem FALKEN Reiseprogramm New York, Kalifornien, Florida und USA Süd-West.
(6060-2) VHS, ca. 30 Minuten, in Farbe. ●'

FALKEN Video
Reiseziel New York
(6048-3) VHS, ca. 60 Minuten, in Farbe, mit Begleitbroschüre. ●●●●●'

FALKEN Video
Reiseziel Florida
(6054-8) VHS, ca. 60 Minuten, in Farbe, Kompaktreiseführer mit Panoramakarte im Taschenformat. ●●●●●'

FALKEN Video
Reiseziel Kalifornien
San Francisco und die schönsten Ziele in Kalifornien.
(6049-1) VHS, ca. 60 Minuten, in Farbe, mit Begleitbroschüre. ●●●●●'

FALKEN Video
Reiseziel Hawaii
(6063-7) VHS, ca. 60 Minuten, in Farbe, Kompaktreiseführer mit Panoramakarte im Taschenformat. ●●●●●'

FALKEN Video
Reiseziel Malediven
(6116-1) VHS, ca. 60 Minuten, in Farbe, mit Kompaktreiseführer im Taschenformat. ●●●●●'

FALKEN Video
Reiseziel Thailand
Exotisches Bangkok, traumhafte Strände, berühmte Tempel und Paläste.
(6065-3) VHS, ca. 60 Minuten, in Farbe, Kompaktreiseführer mit Panoramakarte im Taschenformat. ●●●●●'

FALKEN Video
Reiseziel Hongkong
(6087-4) VHS, ca. 60 Minuten, in Farbe, mit Kompaktreiseführer im Taschenformat. ●●●●●'

FALKEN Video
Reiseziel Info-Tour Fernost
Die Highlights aus den FALKEN Reisevideos Thailand, Bali, Hongkong
(6094-7) VHS, ca. 30 Minuten, in Farbe, mit Kompaktreiseführer im Taschenformat. ●●'

FALKEN Video
Reiseziel Kanarische Inseln
Schöne Strände, interessante Exkursionen.
(6065-5) VHS, ca. 60 Minuten, in Farbe, Kompaktreiseführer mit Panoramakarte im Taschenformat. ●●●●●'

FALKEN Video
Reiseziel Barcelona
(6115-3) VHS, ca. 60 Minuten, in Farbe, mit Begleitbroschüre. ●●●●●'

FALKEN Video
Reiseziel Florenz
(6127-7) VHS, ca. 60 Minuten, in Farbe, mit Kompaktreiseführer im Taschenformat. ●●●●●'

FALKEN Video
Reiseziel Toscana
(6074-2) VHS, ca. 60 Minuten, in Farbe, mit Kompaktreiseführer im Taschenformat. ●●●●●'

FALKEN Video
Reiseziel Rom
(6076-9) VHS, ca. 60 Minuten, in Farbe, mit Kompaktreiseführer im Taschenformat. ●●●●●'

FALKEN Video
Reiseziel Venedig
(6117-X) VHS, ca. 60 Minuten, in Farbe, mit Kompaktreiseführer im Taschenformat. ●●●●●'

FALKEN Video
Reiseziel Mallorca
(6118-8) VHS, ca. 60 Minuten, in Farbe, mit Kompaktreiseführer im Taschenformat. ●●●●●'

FALKEN Video
Reiseziel Irland
Entdeckungsreise mit Boot und Planwagen, präzise Informationen, praktische Tips.
(6059-9) VHS, ca. 60 Minuten, in Farbe, ●●●●●'

FALKEN Video
Reiseziel Norwegen
Rundreise zu den schönsten Fjorden, präzise
Informationen, praktische Tips.
(6058-0) VHS, ca. 60 Minuten, in Farbe,
Kompaktreiseführer mit Panoramakarte im
Taschenformat. ●●●●●ˇ

Rat und Wissen

Der gute Ton
in Gesellschaft und Beruf.
(0063-4) Von I. Wolter, 80 S., 42 s/w-Fotos,
7 Zeichnungen, kartoniert. ●

Der gute Ton
im Privatleben.
(1111-3) Von I. Wolter, bearbeitet von Wolf
Stenzel, 104 S., 42 s/w-Abbildungen, kartoniert. ●

Umgangsformen heute
Die Empfehlungen des Fachausschusses für
Umgangsformen.
(4015-6) 252 S., 108 s/w-Fotos, 17 Zeichnungen, Pappband. ●●●

Benehmen bei Tisch
(0988-7) Von I. Cording, 80 S., 90 Farbfotos,
5 s/w-Zeichnungen, kartoniert. ●●

Krawatten
Fliegen, Schals und Tücher gekonnt binden
(1072-9) Von Y. Thalheim, H. Nadolny, 88 S.,
129 Farbfotos, 1 s/w-Foto, Pappband. ●

freundin
Das perfekte Make-up
(4727-4) Von M. Rüdiger, H. Kirchberger,
G. Mergenburg, 128 S., 271 Farbfotos,
Pappband. ●●●●

freundin Ratgeber
Hochzeit feiern
(4702-2) Von C. von Hoerner-Nitsch, I. Weber,
K. Riebartsch, C. von Bernuth, 128 S.,
188 Farbfotos, 28 s/w-Fotos, Pappband.
●●●●

Gedichte, Reden und Sketche
für grüne, silberne und goldene Hochzeits-
tage
(1269-1) Von F. Rieder, 160 S., durchgehend
vierfarbig, Pappband. ●●

Wir heiraten
Ratgeber zur Vorbereitung und Festgestal-
tung der Verlobung und Hochzeit.
(4188-8) Von C. Poensgen, 216 S.,
8 s/w-Fotos, 30 s/w-Zeichnungen, 8 Farbtafeln, Pappband. ●●●

**Von der Verlobung zur Goldenen
Hochzeit**
(0393-5) Von E. Runge, 112 S., kartoniert. ●

Hochzeits- und Bierzeitungen
Muster, Tips und Anregungen.
(0288-2) Von H.-J. Winkler, mit vielen Text-
und Gestaltungsanregungen, 116 S., 15 Abb.,
1 Musterzeitung, kartoniert. ●

Die Silberhochzeit
Vorbereitung · Einladung · Geschenkvor-
schläge · Dekoration · Festablauf · Menüs ·
Reden · Glückwünsche. (0542-3) Von K. F.
Merkle, 112 S., 41 Zeichnungen, kart. ●

Wie soll es heißen?
(0211-4) Von D. Köhr, 136 S., kartoniert. ●

Unsere beliebtesten Vornamen
(1023-0) Von A. F. W. Weigel, 160 S.,
75 s/w-Fotos, Pappband. ●●

**Kindergedichte, Lieder und Sketche für
Hochzeitsfeiern**
(1112-1) Von H. Lins, 72 S., 26 farbige Abbildungen, 15 Lieder, kartoniert. ●

Kindergedichte für Familienfeste
(0860-0) Von B. H. Bull, 96 S., 20 Zeichnungen, kartoniert. ●

Kindergedichte rund ums Jahr
(1040-0) Von A. Schweiggert, 80 S., 49 Zeichnungen, 6 Vignetten, kartoniert. ●

Ins Gästebuch geschrieben
(0576-8) Von K. H. Trabeck, 96 S., 24 Zeichnungen, kartoniert. ●

Der Verseschmied
Kleiner Leitfaden für Hobbydichter.
(0337-0) Von T. Parisius, 96 S., 29 Zeichnungen, kartoniert. ●

Die schönsten Volkslieder
(0432-X) Hrsg. D. Walther, 128 S., mit Noten
und Zeichnungen, kartoniert. ●

Alte und neue
Wanderlieder
(1268-3) Von P. G. Walter, 96 S., zweifarbig,
kart. ●●

Neue Glückwunschfibel
für groß und klein.
(0156-8) Von R. Christian-Hildebrandt, 96 S.,
13 Vignetten, kartoniert. ●

Großes Buch der Glückwünsche
(0255-6) Hrsg. von O. Fuhrmann, 176 S.,
77 Zeichnungen und viele Gestaltungsvor-
schläge, kartoniert. ●●

Wetter und Wind ändern sich geschwind
Beliebte Bauernregeln
(1267-5) Von G. Haddenbach, ca. 80 S.,
ca. 30 zweifarbige Illustrationen, kart. ●

Heiter und besinnliche
Verse fürs Poesiealbum
(0241-6) Von I. Wolter, 96 S., 20 Abb., kart. ●

Heiter und besinnliche
Verse fürs Poesiealbum
(1069-9) Von B. H. Bull, 160 S., 70 zweifarbige Illustrationen, Pappband. ●●

Die Kunst der freien Rede
Ein Intensivkurs mit vielen Übungen,
Beispielen und Lösungen.
(4189-6) Von G. Hirsch, 232 S., 11 Zeichnungen, Pappband. ●●●

**Trinksprüche, Gästebuchverse,
Richtsprüche**
(0224-6) Von D. Kellermann, 96 S., kartoniert. ●

**Glückwünsche, Toasts und Festreden zur
Hochzeit**
(0264-5) Von I. Wolter, 112 S., 18 Zeichnungen, kartoniert. ●

Trinksprüche und Festreden
(1321-3) Von L. Metzner, 144 S., 13 zweifarbige Zeichnungen, kartoniert. ●

Moderne Reden und Ansprachen
(4742-8) Von M. Adam, ca. 464 S., Pappband.
●●●●

Reden zu Familienfesten
Musteransprachen für viele Gelegenheiten
(0675-4) Von G. Georg, 112 S., kartoniert. ●

Reden im Verein
Musterreden für viele Gelegenheiten
(0703-5) Von G. Georg, 112 S., kartoniert. ●

Reden zum Jubiläum
Musterreden für viele Gelegenheiten
(0595-4) Von G. Georg, 112 S., kartoniert. ●

**Reden und Sprüche zu Grundsteinlegung,
Richtfest und Einzug**
(0598-0) Von A. Bruder, G. Georg, 96 S.,
kartoniert. ●

Die überzeugende Rede
Mehr Erfolg durch bessere Rhetorik.
(0076-6) Von K. Wolter, G. Kunz, 96 S.,
kartoniert. ●

Moderne Korrespondenz
Handbuch für erfolgreiche Briefe
(4014-8) Von H. Kirst und W. Manekeller,
544 S., Pappband. ●●●●

Musterbriefe
für alle Gelegenheiten.
(0231-9) Hrsg. von O. Fuhrmann, 240 S.,
kartoniert. ●●

Geschäftsbriefe
zeitgemäß und stilsicher
(1323-X) Von G. Briese-Neumann, 152 S.,
kart. ●●

FALKEN-Software
**Musterkorrespondenz in Deutsch, Eng-
lisch, Französisch, Italienisch, Spanisch**
(7041-1) Diskette 5 1/4" für IBM-PC + Kompatible, mit Begleitbroschüre. ●●●●●ˇ
(7051-9) Diskette 3 1/2" für IBM-PC + Kompatible, mit Begleitbroschüre. ●●●●●ˇ

Privatbriefe
Muster für alle Gelegenheiten.
(0114-2) Von I. Wolter-Rosendorf, 112 S., kart. ●

Erfolgstips für den Schriftverkehr
Briefgestaltung · Rechtschreibung · Zeichensetzung · Stil. (0678-0) Von U. Schoenwald,
112 S., kart. ●

Behördenkorrespondenz
Musterbriefe · Anträge · Einsprüche
(0412-5) Von E. Ruge, 112 S., kart. ●

Worte und Briefe der Anteilnahme
(0464-8) Von E. Ruge, 96 S., mit vielen Abb.,
kart. ●

Briefe zu Geburt und Taufe
Glückwünsche und Danksagungen. (0802-3)
Von H. Beitz, 96 S., 12 Zeichnungen, kart. ●

FALKEN Rechtsberater
Fallbeispiele · Musterbriefe · Gerichtsurteile
(4734-7) Hrsg. S. von Hasseln, ca. 704 S.,
Pappband. ●●●●

**Erziehungsgeld, Mutterschutz,
Erziehungsurlaub**
Das neue Recht für Eltern
(0835-X) Von G. Zierdt, 144 S., kart. ●●

Liebe ja – Ehe nein
Die nichteheliche Lebensgemeinschaft
(1071-0) Von T. Drewes, 104 S., 8 s/w-Zeich-
nungen, kartoniert. ●

Scheidung und Unterhalt
nach dem neuen Eherecht.
(0403-6) Von T. Drewes, 112 S., mit Kosten
und Unterhaltstabellen, kart. ●

**Alles, was man über Scheidung und
Unterhalt wissen muß**
(1264-0) Von T. Drewes, 128 S., kart. ●●

Alles, was man über Renten wissen muß
Mit Rentenreformgesetz 1992
(1265-9) Von K. Möcks, A. Schmitt, 112 S.,
kart. ●●

Wolfgang Büsers Erfolgstips
Rentenreform '92
(1244-6) Von W. Büser, 80 S., kart. ●

Wolfgang Büsers Erfolgstips
Teilzeitarbeit
(1266-7) Von W. Büser, 80 S., kart. ●●

(Lohn-) Einkommensteuer '92
Aktuell: Zinssteuer '93
(1324-8) Von W. Büser, ca. 128 S., kart. ●●

Testament und Erbschaft
Erbfolge, Rechte und Pflichten der Erben, Erb-
schafts- und Schenkungssteuer, Mustertesta-
mente. (4139-X) Von T. Drewes, R. Hollender,
304 S., Pappband. ●●●

Der letzte Wille
Ratgeber für Erblasser, Erben und Hinterblie-
bene in Rechts-, Versorgungs- und Steuerfra-
gen (0939-9) Von T. Drewes, 128 S.,
9 s/w-Zeichnungen, kart. ●●

Mietrecht
Leitfaden für Mieter und Vermieter
(0479-6) Von J. Beuthner, 196 S., kart. ●●

Haushaltstips
praktisch und umweltfreundlich
(1046-X) Von K. Winkell, 96 S., 36 Zeichnungen, kartoniert. ●

Haushaltstips von A – Z
(0759-0) Von A. Eder, 80 S., 30 Zeichnungen, kartoniert. ●

Wege zum Börsenerfolg
Aktien · Anleihen · Optionen
(4275-2) Von H. Krause, 252 S., 4 s/w-Fotos, 86 Zeichnungen, Pappband. ●●●●

FALKEN-Software
Börsenfieber
Spielend spekulieren mit Geld und Aktien
(7016-0) IBM-PC und Kompatible, Diskette 5 1/4", mit Begleitheft. ●●●●●˙
(7026-8) für C 64/C 128 PC, mit Begleitheft
(7027-6) für Atari ST 520/1040, mit Begleitheft
(7028-4) für Amiga, mit Begleitheft
(7044-6) für IBM-PC + Kompatible, Diskette 3 1/2", mit Begleitheft

FALKEN Software
Broker King
Cash und crash an der Terminbörse. Mit Warentermingeschäft und Optionshandel
(7057-2) Diskette 5 1/4" für IBM-PC + Kompatible, mit Begleitbroschüre. ●●●●●˙
(7058-6) Diskette 3 1/2" für IBM-PC + Kompatible, mit Begleitbroschüre. ●●●●●˙

Richtige Groß- und Kleinschreibung
durch neue, vereinfachte Regeln. Erläuterungen der Zweifelsfragen anhand vieler Beispiele.
(0897-X) Von Prof. Dr. Ch. Stetter, 96 S., kart. ●

Gutes Deutsch schreiben und sprechen
(4432-1) Von W. Manekeller, Dr. G. Reinert-Schneider, 416 S., durchgehend zweifarbig, Pappband. ●●●●

Mehr Erfolg in der Schule
Deutsche Rechtschreibung und Grammatik
Übungen und Beispiele für die Klassen 5–10.
(4407-0) Von K. Schreiner, 256 S., durchgehend zweifarbig, Pappband. ●●●●

Besseres Deutsch
Mit Übungsteilen für Rechtschreibung, Diktate, Zeichensetzung, Aufsätze, Grammatik, Literaturbetrachtung, Stil, Briefe, Fremdwörter, Reden.
(4115-2) Von K. Schreiner, 444 S., 7 s/w-Fotos, 27 Zeichnungen, Pappband. ●●●

Diktate besser schreiben
Übungen zur Rechtschreibung für die Klassen 4 bis 8
(0469-9) Von K. Schreiner, 152 S., 31 Zeichnungen, kartoniert. ●●

Deutsche Grammatik
Ein Lern- und Übungsbuch
(0704-3) Von K. Schreiner, 122 S., kart. ●●

Aufsätze besser schreiben
Förderkurs für die Klassen 4 – 10
(0429-X) Von K. Schreiner, 144 S., 31 Abb., kartoniert. ●●

Mehr Erfolg in der Schule
Der Deutschaufsatz
Übungen und Beispiele für die Klassen 5 – 10.
(4271-X) Von K. Schreiner, 240 S., 4 s/w-Fotos, 51 Zeichnungen, Pappband. ●●●●

Mehr Erfolg in der Schule
Deutsch
Textinterpretation, Literaturgeschichte und Stilkunde
(4483-6) Von K. Schreiner, 272 S., 43 zweifarbige Zeichnungen, Pappband. ●●●●

Geschichte
Von der Französischen Revolution bis zur Gegenwart
(4723-1) Von K. Schreiner, 256 S., 50 s/w-Fotos, 10 Farbzeichnungen, 6 zweifarbige Landkarten, Pappband. ●●●●

Geographie
Natürliche Grundlagen · Gestaltung der Umwelt · Die Staaten der Erde
(4724-X) Von V. Disch, ca. 256 S., ca. 40 Karten und Grafiken, Pappband. ●●●●

Mehr Erfolg in der Schule
Mathematik 1
Arithmetik und Algebra. Übungen, Beispiele und Lösungen für die Klassen 5 bis 10.
(4420-0) Von R. Müller-Fonfara, 256 S., 193 Zeich., 2 s/w-Fotos, Pappband. ●●●●

Mehr Erfolg in der Schule
Mathematik 2
Geometrie, Statistik, Wahrscheinlichkeitsrechnung und kaufmännisches Rechnen
(4456-9) Von R. Müller-Fonfara, W. Scholl, 256 S., 6 s/w-Fotos, 304 Zeichnungen, Pappband. ●●●●

Mathematische Formeln für Schule und Beruf
Mit Beispielen und Erklärungen.
(0499-0) Von R. Müller-Fonfara, 156 S., 210 Zeichnungen, kart. ●

Schülerlexikon der Mathematik
Formeln, Übungen und Begriffserklärungen für die Klassen 5 – 10
(0430-3) Von R. Müller-Fonfara, 176 S., 96 Zeichnungen, kart. ●

Mehr Erfolg in der Schule
Mathematik 4
Für die Klassen 11 bis 13
(4701-0) Von R. Müller-Fonfara, W. Scholl, ca. 240 S., durchgehend zweifarbig, ca. 110 Zeichnungen, Pappband. ●●●●

Mathematik-Textaufgaben leicht gelöst
Aufgaben · Lösungsstrategien · Anwendungsbeispiele
(1022-2) Von R. Müller-Fonfara, 128 S., 4 Zeichnungen, kartoniert. ●●

Rechnen aufgefrischt für Schule und Beruf.
(0100-9) Von H. Rausch, 144 S., kart. ●

FALKEN Software
Wirtschaftsrechnen in Beruf und Alltag
(7037-3) Diskette für IBM-PC und Kompatible, mit Begleitheft. ●●●●●˙

Mehr Erfolg in der Schule
Physik
Mechanik · Wärmelehre · Optik · Elektrizität · Atomphysik
(4448-8) Von Dr. T. Neubert. 240 S., 219 Zeichnungen, Pappband. ●●●●

Physik verständlich
Förderkurs für die Klassen 7 bis 10
(0926-7) Von Dr. Th. Neubert, 136 S., 146 s/w-Zeichn., 166 Aufgaben, kart. ●●

Besseres Englisch
Grammatik und Übungen für die Klassen 5 bis 10.
(0745-0) Von E. Henrichs, 144 S., kart. ●●

Mehr Erfolg in der Schule
Englische Grammatik
Regeln und Übungen für die Klassen 5 bis 13
(4431-3) Von E. Henrichs-Kleinen, 256 S., durchgehend zweifarbig, Pappband. ●●●●

FALKEN Software
Business English for Secretaries
Lernen und üben in berufsbezogenen Situationen (7035-7) Diskette 5 1/4" für IBM-PC + Kompatible, mit Begleitbroschüre. ●●●●●˙
(7059-4) Diskette 3 1/2" für IBM-PC + Kompatible, mit Begleitbroschüre. ●●●●●˙

FALKEN Software
The Grammar-Master
Englische Grammatik üben und beherrschen
(7002-0) Diskette für C 64/C 128 PC ●●●●
(7030-0) Diskette für IBM-PC + Kompatible, mit Begleitheft. ●●●●●˙
(7031-4) Diskette für Atari ST 520/1040, mit Begleitheft. ●●●●●˙
(7032-2) Diskette für Amiga, mit Begleitheft. ●●●●●˙

FALKEN-Software
Vokabeltrainer Englisch
Von B. Hoppius. (7001-2) 2 Disketten für C 64/C 128 PC mit Begleitheft. ●●●●●˙
(7007-1) Wendediskette für Atari ST 520/1040, mit Begleitheft. ●●●●●˙
(7034-9) Diskette 5 1/4" für IBM-PC + Kompatible, mit Begleitheft. ●●●●●˙
(7004-5) Diskette 3 1/2" für IBM-PC + Kompatible, mit Begleitheft. ●●●●●˙

FALKEN-Software
Vokabeltrainer Französisch
Über 2000 Vokabeln und Redewendungen frei erweiterbar
(7018-7) Systemdiskette u. Wendediskette für C 64/C 128 PC, mit Begleitheft (7019-5) Diskette 5 1/4" für IBM-PC und Komp., mit Begleitheft. ●●●●●

FALKEN-Software
**Je finis, tu finis …
maîtrisez la grammaire française**
Französische Grammatik lernen und beherrschen
(7053-5) Diskette 5 1/4" für IBM-PC + Kompatible, mit Begleitbroschüre. ●●●●●˙
(7069-1) Diskette 3 1/2" für IBM-PC + Kompatible, mit Begleitbroschüre. ●●●●●˙

FALKEN-Software
Le monde des affaires en français
Wirtschaftsfranzösisch leicht gelernt
(7054-3) Diskette 5 1/4" für IBM-PC + Kompatible, mit Begleitbroschüre. ●●●●●˙
(7068-3) Diskette 3 1/2" für IBM-PC + Kompatible, mit Begleitbroschüre. ●●●●●˙

Besseres Französisch
Grammatik und Übungen für die Klassen 9 bis 11
(1039-7) Von R. Lübke, 114 S., durchgehend zweifarbig, kartoniert. ●●

Mehr Erfolg in der Schule
Französische Grammatik
Für die Klassen 7 bis 13
(4703-7) Von R. Lübke, ca. 256 S., durchgehend zweifarbig, Pappband. ●●●●

FALKEN-Software
Vokabeltrainer Italienisch
Über 2000 Vokabeln und Redewendungen frei erweiterbar.
(7065-9) Diskette 5 1/4" für IBM-PC + Kompatible, mit Begleitbroschüre. ●●●●●˙
(7064-0) Diskette 3 1/2" für IBM-PC + Kompatible, mit Begleitbroschüre. ●●●●●˙

FALKEN-Software
Vokabeltrainer Latein
Über 2000 Vokabeln und Redewendungen frei erweiterbar
(7022-5) Von B. Hoppius, Wendediskette für C 64/C 128 PC, mit Begleitheft. ●●●●●˙
(7033-0) Diskette 5 1/4" für IBM-PC + Kompatible, mit Begleitheft. ●●●●●˙
(7085-3) Diskette 3 1/2" für IBM-PC + Kompatible, mit Begleitheft. ●●●●●˙

Schnell und sicher zum Führerschein
Tips und Tricks aus 30jähriger-Fahrschul-Praxis.
(0921-6) Von O. Einert, 152 S., 156 Farbfotos, 161 z.T. farb. Zeichnungen, kart. ●●

FALKEN-Software
Schnell und sicher zum Führerschein
Intensivtraining mit dem amtlichen Fragenkatalog
(7024-1) Diskette für ATARI ST 250/1040, mit Begleitheft ●

Der Test-Knacker bei Führerscheinverlust
(1262-4) Von T. Rieh, 128 S., kart. ●●

Erfolgreiche Bewerbung um einen Ausbildungsplatz
(0715-9) Von H. Friedrich, 128 S., kart. ●

Bewerbungsstrategien
Erfolgreiche Konzepte für Karrierebewußte
(1027-3) Von Dr. W. Reichel, 128 S., kartoniert. ●●

Karriereplanung mit System
Bewerbungsstrategien für Frauen
(4455-0) Von R. Ibelgaufts, 144 S.,
20 Cartoons, Pappband. ●●

Die Bewerbung
Der moderne Ratgeber für Bewerbungsbriefe,
Lebenslauf und Vorstellungsgespräche.
(4138-1) Von W. Manekeller, 264 S., Pappband. ●●●

Die erfolgreiche Bewerbung
Bewerbung und Vorstellung
(0173-8) Von W. Manekeller, U. Schoenwald,
144 S., kartoniert. ●●

Lebenslauf und Bewerbung
Beispiele für Inhalt, Form und Aufbau
(0428-1) Von H. Friedrich, 112 S., kart. ●

**Erfolgreiche Bewerbungsbriefe und
Bewerbungsformen**
(0138-X) Von W. Manekeller, U. Schoenwald,
88 S., kart. ●

Das überzeugende
Vorstellungsgespräch
Erfolgreiche Strategien für den ersten
Eindruck
(1261-6) Von R. Ibelgaufts, 144 S., kart. ●●

Vorstellungsgespräche
sicher und erfolgreich führen.
(0636-5) Von H. Friedrich, 144 S., kart. ●

Einstellungstests und andere
Methoden der Bewerberauswahl
(1263-2) Von R. Hilke, H. Hustedt,
160 S., 27 Zeichnungen, kart. ●●

Keine Angst vor Einstellungstests
Ein Ratgeber für Bewerber.
(0793-6) Von Ch. Titze, 120 S., 67 Zeichnungen, kart. ●

freundin
**Kind und Beruf:
(K)ein Problem**
(1322-1) Von I. Weber, 168 S., 14 Zeichnungen, kart. ●●

freundin Ratgeber
**Neu um Job:
So überzeugen Sie**
(1259-4) Von G. Teusen, 160 S., kart. ●●

Die ersten Tage am neuen Arbeitsplatz
Ratschläge für den richtigen Umgang mit
Kollegen und Vorgesetzten
(0855-4) Von H. Friedrich, 104 S., kart. ●

Zeugnisse im Beruf
richtig schreiben, richtig verstehen
(0544-X) Von H. Friedrich, 112 S., kart. ●

So lernt man leicht und schnell
Maschinenschreiben
Lehrbuch für Schulen, Lehrgänge und Selbstunterricht. (0568-7) Von M. Kempkes, 112 S.,
48 Zeichnungen, kart. ●●

FALKEN-Software
**Maschinenschreiben und Tastatur-
training für Computer**
(7009-8) Von B. Hoppius, Diskette 5 1/4" u.
3 1/2" für IBM-PC + Kompatible, mit Begleit-
heit. ●●●●●*

Buchführung leicht gemacht
Ein methodischer Grundkurs für den Selbst-
unterricht (4238-8) Von D. Machenheimer,
R. Kersten, 252 S., Pappband. ●●●●

Buchführung leicht gefaßt
Für Handwerker, Gewerbetreibende und frei-
beruflich Tätige. (0127-4) Von R. Pohl, 104 S.,
kart. ●

Stenografie leicht gelernt
im Kurus oder Selbstunterricht
(0266-1) Von H. Kaus, 64 S., kart. ●

Gitarre spielen
Ein Grundkurs für den Selbstunterricht
(0534-2) Von A. Roßmann, 96 S., 1 Schall-
folie, 150 Zeichnungen, kart. ●●●

Faszinierendes Erlebnis
Tierwelt
(4706-1) Von U. und W. Dolder, 196 S.,
314 Farbzeichnungen, Pappband. ●●●●

Das große Buch der
Antworten auf Kinderfragen
(4477-1) Von H. Hofmann, U. Kopp, G. Janko-
vics u.a., 192 S., 308 Farbzeichnungen, Pappband. ●●●

**Das neue, farbige
Jugendlexikon**
(4472-0) Von J. Frey, D. Rex, 304 Seiten, 269
Farb- u. 52 s/w-Fotos, 6 Farbzeichn., Pappband. ●●●●

Das große farbige Kinderlexikon
(4195-0) Von U. Kopp, 320 S., 493 Farbabb.,
17 s/w-Fotos, Pappband. ●●●

Briefmarken sammeln
(0481-8) Von D. Stein, 120 S., 4 Farbtafeln,
98 s/w-Abbildungen, kartoniert. ●

**Umweltexperimente für Kinder und
Jugendliche**
(4708-8) Von F. Jantzen, ca. 80 S., ca. 100
farbige Fotos und Zeichnungen, Pappband.
●●●

Telefonkarten sammeln
Serien · Preise · Sammeltips
(1326-4) Von M. Burzan, 128 S., 251 Farbfotos, kart. ●

Münzen
Ein Brevier für Sammler.
(0353-6) Von E. Dehnke, 128 S., 4 Farbtafeln,
17 s/w-Abb., kart. ●●

Die Handschrift als Spiegel des Charakters
Graphologie
(1025-7) Von Dr. W. Busch, 104 S., 87 Schrift-
proben, kartoniert. ●

**Familienforschung · Ahnentafel ·
Wappenkunde**
Wege zur eigenen Familienchronik
(0744-2) Von P. Bahn, 128 S., 8 Farbtafeln,
30 Abbildungen, kart. ●●

Familienforschung und Wappenkunde
(4485-2) Von P. Bahn, 224 S., 114 zweifarbige Abbildungen, Pappband. ●●●●

freundin Ratgeber
Allein auf Achse
(1260-8) Von H. Guilino, 176 S., kart. ●●

Brain Building
Das Supertraining für Gedächtnis, Logik,
Kreativität
(4704-5) Von M. vos Savant, 256 S., Pappband. ●●

Traumdeutung
Die Bildersprache unserer Traumwelt
entschlüsseln
(4486-0) Von G. Fink, 384 S., 74 zweifarbige
Fotos, Pappband. ●●●●

Wahrsagen
mit den Karten der Madame Lenormand
(1328-0) Von B. A. Mertz, 108 S., 39 s/w-
Abbildungen, kart. ●●

Wahrsagen mit Tarot-Karten
(0482-6) Von E. J. Nigg, 112 S., 52 s/w-Abb.,
Pappband. ●

Die 12 Tierzeichen
Chinesisches Horoskop
(0423-0) Von G. Haddenbach, 88 S., kartoniert. ●

Partnerschaftshoroskop
Glück und Harmonie mit Ihrem Traumpartner.
(0587-3) Von G. Haddenbach, 112 S.,
11 Zeichnungen, kart. ●

Im Zeichen der Sterne
(0951-8) Der feurige Widder
(0952-6) Der willensstarke Stier
(0953-4) Die vielseitigen Zwillinge
(0954-2) Der empfindsame Krebs
(0955-0) Der königliche Löwe
(0956-9) Die zuverlässige Jungfrau
(0957-7) Die charmante Waage

(0958-5) Der leidenschaftliche Skorpion
(0959-3) Der temperamentvolle Schütze
(0960-7) Der treue Steinbock
(0961-5) Der selbstbewußte Wassermann
(0962-3) Die romantischen Fische
Von G. Haddenbach, 64 S., 35 Farbfotos,
Pappband. ●

Spiele und Denksport

Spielbare Witze für Kinder
(0824-4) Von H. Schmalenbach, 112 S.,
30 Zeichnungen, kart. ●

Neue spielbare Witze für Kinder
(1173-3) Von H. Schmalenbach, 96 S.,
31 Zeichnungen, kart. ●

Scherzfragen, Drudel und Blödeleien
gesammelt von Kindern.
(0506-7) Hrsg. von M. Pröve, 80 S., 57 Zeichnungen, kart. ●

Kinderspiele
die Spaß machen
(2009-0) Von H. Müller-Stein, 104 S.,
28 Abbildungen, kart. ●

**Kinderspiele mit Buchstaben und
Wörtern**
(1041-9) Von Dr. U. Vohland, 96 S., 54 Zeichnungen, kartoniert. ●

Spiel und Spaß am Krankenbett
für Kinder und die ganze Familie
(2035-X) Von H. Bücken, 96 S., 97 Zeichnungen, kart. ●

Spiele im Freien
(2038-4) Von G. Wagner, 88 S., 20 zweif.
Zeichnungen, kartoniert. ●

Spiel und Spaß zu Hause
(2039-2) Von U. Geißler, 80 S., 90 zweifarbige Abbildungen, kart. ●

Spiel und Spaß auf Reisen
Für Kinder und die ganze Familie
(1085-0) Von U. Geißler, 80 S., 107 zweifarbige Abbildungen, kart. ●

Kleine Spiele ganz groß
(1330-2) Von U. Vohland, 80 S.,
93 s/w-Zeichnungen, kart. ●

Guten Tag, Kinder!
Neue Texte mit Spielanleitungen fürs
Kasperletheater.
(0861-9) Von U. Lietz, 96 S., 18 s/w-Zeich-
nungen, kart. ●

Kasperletheater
Spieltexte und Spielanleitungen · Basteltips
für Theater und Puppen.
(0641-1) Von U. Lietz, 114 S., 4 Farbtafeln,
12 s/w-Fotos, 39 Zeichnungen, kart. ●

Kindergeburtstage, die keiner vergißt
Planung, Gestaltung, Spielvorschläge.
(0698-5) Von G. und G. Zimmermann, 104 S.,
80 Vignetten, kart. ●

Kindergeburtstag
Vorbereitung, Spiel und Spaß.
(0287-4) Von Dr. I. Obrig, 136 S., 40 Abb., 11
Zeichnungen, 9 Lieder mit Noten, kart. ●●

Unvergeßliche Kindergeburtstage
(4705-3) Von G. Hennekemper, 176 S., 116
Farbfotos, 134 Farbzeichnungen, Pappband.
●●●

Unvergeßliche Kinderfeste
Tolle Dekorationen, Spiele, Sketche für
drinnen und draußen
(4457-7) Von Dr. G. Hennekemper, 192 S.,
111 Farbfotos, 214 Farb- und 14 s/w-Zeich-
nungen, 4 Seiten Schnittmuster, Pappband.
●●●

**Lauter tolle Sachen, die Kinder gerne
machen**
(4731-2) Hrsg. U. Barff, ca. 352 S., zahlreiche
Farbabbildungen, Pappband. ●●●

Neues Buch der siebzehn und vier Kartenspiele
(0095-2) Von K. Lichtwitz, 96 S., kart. ●

Alles über Pokern
Regeln und Tricks.
(2024-4) Von C. D. Grupp, 112 S., 29 Kartenbilder, kart. ●

Rommé und Canasta
In allen Variationen.
(2025-2) Von C. D. Grupp, 88 S., 24 Zeichnungen, kart. ●

Doppelkopf, Schafkopf, Binokel, Cego, Tarock und andere Stammtischspiele.
(2015-5) Von C. D. Grupp, 112 S., kart. ●

Black Jack
Regeln und Strategien des Kasinospiels.
(2032-3) Von K. Kelbratowski, 88 S., kart. ●

Spielend Skat lernen
unter freundlicher Mitarbeit des Deutschen Skatverbandes
(2005-8) Von Th. Krüger, 120 S., 181 s/w-Fotos, 22 Zeichn., kart. ●●

Patiencen
in Wort und Bild. (2003-1) Von I. Wolter-Rosendorf, 120 S., kart. ●

Neue Patiencen
(2036-9) Von H. Sosna, 160 S., 43 Farbtafeln, kart. ●●

Spielend Bridge lernen
(2012-0) Von J. Weiss, 96 S., 58 Zeichnungen, kart. ●

Spieltechnik im Bridge
(2004-X) Von V. Mollo und N. Gardener, deutsche Adaption von D. Schröder, 152 S., kart. ●●●

Neue Kartentricks
(2027-9) Von K. Pankow, 104 S., 20 Abb., kart. ●

Das japanische Brettspiel Go
(2020-1) Von W. Dörholt, 104 S., 182 Diagramme, kart. ●

Mah-Jongg
Das chinesische Glücks-, Kombinations- und Gesellschaftsspiel. (2030-9) Von U. Eschenbach, 80 S., 30 s/w-Fotos, 5 Zeichn., kart. ●

Backgammon
für Anfänger und Könner. (2008-2) Von G. W. Fink und G. Fuchs, 104 S., 41 Abb., kart. ●

Einführung in das Schachspiel
(0104-5) Von W. Wollenschläger und K. Colditz, 112 S., 116 Diagramme, kart. ●

Schach, das königliche Spiel
Von den Grundzügen zum strategischen Spiel.
(1105-9) Von T. Schuster, 192 S., 302 Diagramme, kart. ●

Spielend Schach lernen
(2002-3) Von T. Schuster, 96 S., , kartoniert. ●

Kinder- und Jugendschach
Offizielles Lehrbuch des Deutschen Schachbundes zur Erringung der Bauern-, Turm- und Königsdiplome.
(0561-X) Von B. J. Withuis, H. Pfleger, 144 S., 220 Zeichnungen und Diagramme, kart. ●●

Zug um Zug
Schach für Jedermann 1
Offizielles Lehrbuch des Deutschen Schachbundes zur Erringung des Bauerndiploms.
(0648-9) Von H. Pfleger, E. Kurz, 80 S., 24 s/w-Fotos, 8 Zeichn., 60 Diagramme, kart. ●

Zug um Zug
Schach für Jedermann 2
Offizielles Lehrbuch des Deutschen Schachbundes zur Erringung des Turmdiploms.
(0659-4) Von H. Pfleger, E. Kurz, 128 S., 7 s/w-Fotos, 13 Zeichnungen, 78 Diagramme, kart. ●

Zug um Zug
Schach für Jedermann 3
Offizielles Lehrbuch des Deutschen Schachbundes zur Erringung des Königsdiploms.
(0728-0) Von H. Pfleger, G. Treppner, 128 S., 4 s/w-Fotos, 84 Diagramme, 10 Zeichnungen, kart. ●

Schach für Fortgeschrittene
Taktik und Probleme des Schachspiels
(0219-X) Von R. Teschner, 88 S., 85 Diagramme, kart. ●

Neue Schacheröffnungen
(0478-8) Von T. Schuster, 104 S., 100 Diagramme, kart. ●

Würfelspiele
für jung und alt. (2007-4) Von F. Pruss, 112 S., 21 s/w-Zeichnungen, kart ●

Roulette richtig gespielt
Systemspiele, die Vermögen brachten.
(0121-5) Von M. Jung, 96 S., zahlreiche Tabellen, kart. ●

Spiele für Party und Familie
(2014-7) Von Rudi Carrell, 80 S., 22 Zeichnungen, kart. ●

Neue Spiele für Ihre Party
(2022-8) Von G. Blechner, 120 S., 54 Zeichnungen, kartoniert. ●

Lustige Tanzspiele und Scherztänze
für Partys und Feten.
(0165-7) Von E. Bäulke, 80 S., 53 Abb., kart. ●

Das Spiel mit der Schwerkraft
Jonglieren
Mit Bällen, Keulen, Ringen und Diabolo.
(1009-5) Von S. Peter, 80 S., 149 Farbfotos, kartoniert. ●

Zaubern
einfach – aber verblüffend.
(2018-X) Von D. Bouch, 84 S., 41 Zeichnungen, kart. ●

Tips, Tricks und Gewinnstrategien für Game-Boy-Spiele
(1235-7) Von René Zey, 176 S., 100 Zeichnungen, kart. ●●

Neue Game-Boy-Spiele
Sport, Action und Adventure
(1325-6) Von R. Zey, 176 S., 21 s/w-Zeichnungen, kart. ●●

Alles über Super-Nintendo-Spiele
Technik, Tips und Facts
(1340-X) Von D. Mark, 104 S., zahlreiche Farbabbildungen, kart. ●●

Das neue Glücksrad Rätselbuch
(1329-9) 176 S., kart. ●●

Rätselspiele
Quiz- und Scherzfragen für gesellige Stunden
(1270-5) Von H. K. Schneider, ca. 80 S., ca. 80 s/w-Abb., kart. ●

Knobeleien und Denksport
(2019-8) Von K. Rechberger, 142 S., 105 Zeichnungen, kart. ●

So feiert man Feste fröhlicher
Heitere Vorträge und Gedichte
(0098-7) Von Dr. Allos, 96 S., 15 Abb., kart. ●

Die große Lachparade
Neue Texte für heitere Vorträge und Ansagen
(0188-6) Von E. Müller, 80 S., kart. ●

Da lacht das Publikum
Neue lustige Vorträge für viele Gelegenheiten.
(0716-7) Von H. M. Schmalenbach, 96 S., kart. ●

Die besten Witze und Cartoons des Jahres 10
(1206-3) Zusammengestellt von S. Kieslich, 288 S., zahlreiche Abb., Pappband. ●●

Computerbücher und Software

Das neue FALKEN
Computerlexikon
(4356-2) Von Dr. B. Kopp, 336 S., 121 s/w-Fotos, 184 Computergrafiken, Pappband. ●●●●

freundin
Das Computerbuch für Frauen
(4372-4) Von M. Thiel, 176 S., 102 Farbfotos, 73 Zeichnungen, Pappband. ●●●●

Desktop Publishing: Typografie und Layout Seiten gestalten am PC - für Einsteiger und Profis (4330-9) Von Dr. H. D. Baumann, M. Klein, 320 S., zahlreiche zweifarbige Abb., Pappband. ●●●●●

Einführung in C
(4336-8) Von A. Janka, P. Welzig, 270 S., zahlreiche Abbildungen, mit Begleitdiskette 5 1/4", Pappband. ●●●●●

PC HELP!
Systemkonfiguration für Windows-PCs
(4371-6) Von A. Görgens, ca. 96 S., durchgehend zweifarbig, kart. ●●

PC HELP!
Wissenschaftliche Texte mit Word 5.5
(4360-0) Von P. Vogel, ca. 96 S., durchgehend zweifarbig, kart. ●●

PC HELP!
Praktische Computerbenutzung mit Works 2.0
(4369-4) Von A. Görgens, ca. 96 S., durchgehend zweifarbig, kart. ●●

PC HELP!
DFÜ mit dem PC
(4370-X) Von M. Hofmann, ca. 96 S., durchgehend zweifarbig, kart. ●●

PC HELP!
Zeichnen mit dem PC
(4361-9) Von M. Hofmann, ca. 96 S., durchgehend zweifarbig, kart. ●●

PC HELP!
Präsentation mit dem PC
(4368-6) Von M. Hofmann, ca. 96 S., durchgehend zweifarbig, kart. ●●

PC HELP!
CONFIG. SYS. und AUTOEXEC. BAT
Optimale Systemkonfiguration
(4338-4) Von A. Görgens, 64 S., ca. 50 s/w-Abbildungen und Grafiken, kart. ●●

PC HELP!
DOS-Kommandos richtig nutzen
(4339-2) Von A. Görgens, 64 S., ca. 50 s/w-Abbildungen und Grafiken, kart. ●●

PC HELP!
Dateien retten mit Norton Utilities und PC-Tools
(4340-6) Von A. Görgens, 64 S., ca. 50 s/w-Abbildungen und Grafiken, kart. ●●

PC HELP!
Batch-Dateien – DOS-Abläufe selber festlegen
(4341-4) Von A. Görgens, 64 S., ca. 50 s/w-Abbildungen und Grafiken, kart. ●●

PC HELP!
Word – Serienbriefe
(4342-2) Von P. Vogel, 64 S., ca. 50 s/w-Abbildungen und Grafiken, kart. ●●

PC HELP!
Geschäftsgrafiken mit Lotus 1-2-3
(4343-0) Von P. Vogel, 64 S., ca. 50 s/w-Abbildungen und Grafiken, kart. ●●

PC HELP!
Die ersten Schritte mit dem PC
(4344-9) Von P. Vogel, H. Ebsen, 64 S., ca. 50
s/w-Abbildungen und Grafiken, kart. ●●

PC HELP!
Mehr Speicher unter DOS nutzen
(4345-7) Von K. O. Kuhl, 64 S., ca. 50
s/w-Abbildungen und Grafiken, kart. ●●

PC HELP!
Viren erkennen und beseitigen
(4346-5) Von M. Hofmann, 64 S., ca. 50
s/w-Abbildungen und Grafiken, kart. ●●

PC HELP!
dBASE-Relationen richtig nutzen
(4347-3) Von M. Hofmann, 64 S., ca. 50
s/w-Abbildungen und Grafiken, kart. ●●

PC HELP!
Termine steuern mit FRAMEWORK III
(4348-1) Von M. Hofmann, 64 S., ca. 50
s/w-Abbildungen und Grafiken, kart. ●●

PC HELP!
**Listendruck mit dBASE und kompatiblen
Programmen**
(4349-X) Von M. Hofmann, 64 S., ca. 50
s/w-Abbildungen und Grafiken, kart. ●●

Das kleine DTP-Lexikon
(4373-2) Ca. 96 S., durchgehend zweifarbig,
kart. ●●

Gestalten mit Ventura Publisher
(4374-0) Ca. 96 S., durchgehend zweifarbig,
kart. ●●

Gestalten mit Pagemaker für Windows
(4375-9) Von M. Hofmann, R. Titius, ca. 96 S.,
durchgehend zweifarbig, kart. ●●

Präsentationsprogramme richtig nutzen
(4376-7) Von M. Hofmann, ca. 96 S., durchgehend zweifarbig, kart. ●●

Works für Windows
(4377-5) Von J. Wortelker, ca. 96 S., durchgehend zweifarbig, kart. ●●

Datenaustausch 1
(4378-3) Von M. Hofmann, ca. 96 S., durchgehend zweifarbig, kart. ●●

Datenaustausch 2
(4379-1) Von M. Hofmann, ca. 96 S., durchgehend zweifarbig, kart. ●●

FALKEN Software
Einstellungstest
Die optimale Vorbereitung für Bewerber
(7013-6) Wendediskette für C 64/C 128 PC,
mit Begleitheft. ●●●●˙

FALKEN Software
Schnell und sicher zum
Führerschein
Intensivtraining mit dem amtlichen Fragen-
katalog (7024-1) für Atari ST 520/1040, mit
Begleitheft. ●●●●˙

FALKEN Software
**Maschinenschreiben und Tastatur-
training für Comuter**
(7009-8) Von B. Hoppius, Diskette 5 1/4˝ u.
3 1/2˝ für IBM-PC + Kompatible, mit Begleitheft. ●●●●●˙

FALKEN Software
**Musterkorrespondenz in Deutsch, Eng-
lisch, Französisch, Italienisch, Spanisch**
(7041-1) Diskette 5 1/4˝ für IBM-PC + Kompatible, mit Begleitbroschüre. ●●●●●˙
(7051-9) Diskette 3 1/2˝ für IBM-PC + Kompatible, mit Begleitbroschüre. ●●●●●˙

FALKEN Software
Wirtschaftsrechnen in Beruf und Alltag,.
(7037-3) Diskette für IBM-PC + Kompatible,
mit Begleitheft. ●●●●●˙

FALKEN Software
Vokabeltrainer Englisch
Über 2000 Vokabeln und Redewendungen
(7001-2) Disk. für C 64/C 128 PC, mit Begleitheft. ●●●●●˙
(7007-1) Disk. für Atari ST 520/1040, mit
Begleitheft. ●●●●●˙

FALKEN Software
Take a Trip to Britain
Spielend Englisch lernen mit dem Computer
(7004-7) Diskette für C 64/C 128 PC, mit
Begleitheft. ●●●●˙
(7039-X) Diskette 5 1/4˝ für IBM-PC + Kompatible, mit Begleitheft. ●●●●●˙

FALKEN Software
The Grammar Master
(7002-0) Diskette für C 64/C 128 PC, mit
Begleitheft. ●●●●˙
(7030-6) für IBM-PC + Kompatible, mit
Begleitheft. ●●●●●˙
(7031-4) für Atari ST 520/1040, mit Begleitheft. ●●●●●˙
(7032-2) für Amiga, mit Begleitheft.
●●●●●˙

FALKEN Software
From Coast to Coast
Travelling through the USA
(7040-3) Diskette 5 1/4˝ für IBM-PC + Kompatible, mit Begleitbroschüre ●●●●●˙
(7061-6) Diskette 3 1/2˝ für IBM-PC + Kompatible, mit Begleitbroschüre. ●●●●●˙

FALKEN Software
Vokabeltrainer Französisch
Über 2000 Vokabeln und Redewendungen
frei erweiterbar.
(7018-7) Systemdisk. + Wendedisk. für
C 64/C 128 PC, mit Begleitheft. (7019-5) Disk.
für IBM-PC + Kompatible, mit Begleitheft.
●●●●●˙

FALKEN Software
**Je finis, tu finis…maîtrisez la grammaire
française**
Französische Grammatik lernen und
beherrschen
(7053-5) Diskette 5 1/4˝ für IBM-PC + Kompatible, mit Begleitbroschüre. ●●●●●˙
(7069-1) Diskette 3 1/2˝ für IBM-PC + Kompatible, mit Begleitbroschüre. ●●●●●˙

FALKEN Software
Le monde des affaires en français
Wirtschaftsfranzösisch leicht gelernt
(7054-3) Diskette 5 1/4˝ für IBM-PC + Kompatible, mit Begleitbroschüre. ●●●●●˙
(7068-3) Diskette 3 1/2˝ für IBM-PC + Kompatible, mit Begleitbroschüre. ●●●●●˙

FALKEN Software
Vokabeltrainer Italienisch
Über 2000 Vokabeln und Redewendungen
frei erweiterbar
(7065-9) Diskette 5 1/4˝ für IBM-PC + Kompatible, mit Begleitbroschüre. ●●●●●˙
(7064-0) Diskette 3 1/2˝ für IBM-PC + Kompatible, mit Begleitbroschüre. ●●●●●˙

FALKEN Software
Vokabeltrainer Latein
Über 2000 Vokabeln und Redewendungen
frei erweiterbar
(7022-5) Von B. Hoppius, 2 Wendedisketten
für C 64/C 128 PC, mit Begleitheft.
(7033-0) Diskette für IBM-PC + Kompatible,
mit Begleitbroschüre. ●●●●●˙

FALKEN Software
Börsenfieber
Spielend spekulieren mit Geld und Aktien
(7016-0) für IBM-PC + Kompatible, Diskette
5 1/4˝, mit Begleitheft. ●●●●●˙
(7026-8) für C 64/C 128 PC mit Begleitheft
(7027-6) für Atari ST 520/1040, mit Begleitheft. ●●●●●˙
(7028-4) für Amiga, mit Begleitheft.
●●●●●˙
(7044-6) für IBM-PC + Kompatible, Diskette
3 1/2˝, mit Begleitheft. ●●●●●˙
(7038-1) für C 64/128 C Kassette, mit Begleitheft. ●●●●˙

FALKEN Software
Broker King
Cash und crash an der Terminbörse
(7057-8) Diskette 5 1/4˝ für IBM-PC + Kompatible, mit Begleitbroschüre. ●●●●●˙

(7058-6) Diskette 3 1/2˝ für IBM-PC + Kompatible, mit Begleitbroschüre. ●●●●●˙

Video

Hobby Aquarellmalen
Landschaft und Stilleben
(6022-X) VHS, 40 Min., in Farbe, mit Begleitheft. ●●●●˙

Hobby Ölmalerei
Landschaft und Stilleben
(6025-4) VHS, 40 Min., in Farbe, mit Begleitheft. ●●●●˙

Basteln mit Kindern
(6041-6) VHS, 60 Min., in Farbe, mit Vorla-
gen in Originalgröße, mit Begleitheft. ●●●˙

Die Modelleisenbahn
Anlagenbau in Modultechnik
(6028-9) VHS, 30 Min., in Farbe. ●●●˙

Golf
(6053-4) VHS, 60 Min., in Farbe, mit Begleitheft. ●●●●˙

Reiten
(6097-1) VHS, ca. 60 Min., in Farbe, mit
Begleitbroschüre. ●●●●˙

Skigymnastik perfekt
(6052-1) VHS, ca. 60 Min., in Farbe, mit
Begleitbroschüre. ●●●●●˙

Pflanzenjournal
Blumen- und Pflanzenpflege im Jahreslauf
(6036-X) VHS, 30 Min., mit Begleitheft.
●●●●˙

Schnitt und Pflege
von Bäumen und Sträuchern
(6050-5) VHS, 45 Min., in Farbe, mit Begleitheft. ●●●●˙

**Erfolgreiche Streßbewältigung
Autogenes Training**
Video 1 : Einführung und Kurs
Video 2 : Übungen
(6132-3) VHS, jeweils ca. 60 Minuten, in
Farbe. ●●●●˙

Aktfotografie
Gestaltung/Technik/Spezialeffekte
Interpretation zu einem unerschöpflichen
Thema
(6001-7) VHS, 60 Min., in Farbe, mit Begleit-
heft. ●●●●˙

Videografieren
Technik/Bildgestaltung/Schnitt/Vertonung,
Filmen mit Video 8 (6031-6) VHS,
60 Min., in Farbe, mit Begleitheft. ●●●●●˙

Videografieren perfekt
Profitricks für Aufnahmetechnik und Nachbearbeitung
(6042-4) VHS, (6044-4) Video 8, 60 Min., in
Farbe, mit Begleitheft. ●●●●●˙

Streicheleinheiten für Körper und Seele
Partnermassage
(6051-3) VHS, 45 Min., in Farbe, mit Begleitheft. ●●●●˙

Tele Partner Massage
Zärtliche Entspannung zu zweit
(6131-5) VHS, ca. 60 Minuten, in Farbe.
●●●●˙

Sinnliche Stunden
(6099-8) VHS, ca. 60 Min., in Farbe, mit
Begleitbroschüre. ●●●●●˙

Nie wieder rauchen
(6100-5) VHS, ca. 45 Min., in Farbe, mit
Begleitheft. ●●●●˙

Reiseziel **New York**
Die schönsten Sehenswürdigkeiten, präzise
Informationen, praktische Tips
(6048-3) VHS, 60 Min., in Farbe, mit Begleitheft. ●●●●●˙

Reiseziel **Kalifornien**
San Franzisko und die schönsten Ziele in
Kalifornien.
Präzise Informationen und praktische Tips
(6049-1) VHS, 60 Min., in Farbe, mit Begleitbroschüre. ●●●●●*
Reiseziel **Florida**
(6054-8) VHS, 60 Min., in Farbe, mit Begleitheft. ●●●●●*
Reiseziel **Hawaii**
Das Paradies im Stillen Ozean
(6063-7) VHS, ca. 60 Min., in Farbe, Time-
code, Kompaktreiseführer mit Panoramakarte im Taschenformat. ●●●●●*
Info-Tour USA
Die Highlights aus dem
FALKEN Reiseprogramm
(6060-2) VHS, 30 Min., in Farbe, mit Begleitheft. ●*
Reiseziel **USA**
(6055-6) VHS, 60 Min., in Farbe, mit Begleitheft. ●●●●●*
Reiseziel **Irland**
(6059-9) VHS, 60 Min., in Farbe, mit Begleitheft. ●●●●●*
Reiseziel **Norwegen**
Rundreise zu den schönsten Fjorden, präzise
Informationen, praktische Tips.
(6058-0) VHS, ca. 60 Min., in Farbe, Time-
code, Kompaktreiseführer mit Panoramakarte im Taschenformat. ●●●●●*

Reiseziel **Kanarische Inseln**
Schöne Strände, interessante Exkursionen
(6064-5) VHS, ca. 60 Min., in Farbe, Time-
code, Kompaktreiseführer mit Panoramakarte im Taschenformat. ●●●●●*
Reiseziel **Thailand**
(6065-3) VHS, ca. 60 Min., in Farbe, Time-
code, Kompaktreiseführer mit Panoramakarte im Taschenformat. ●●●●●*
Reiseziel **Bali**
(6088-2) VHS, ca. 60 Min., in Farbe,
Kompaktreiseführer mit Panoramakarte im
Taschenformat. ●●●●●*
Reiseziel **Hongkong**
(6087-4) VHS, ca. 60 Min., in Farbe,
Kompaktreiseführer mit Panoramakarte im
Taschenformat. ●●●●●*
Infotour Fernost
(6094-7) VHS, ca. 30 Min., in Farbe. ●●*

Reiseziel **Berlin**
Kultur, Shopping, Erlebnis
(6067-X) VHS, ca. 60 Min., in Farbe, Time-
code, Kompaktreiseführer mit Panoramakarte im Taschenformat. ●●●●●*
Körpersprache
verstehen und deuten
(6046-7) VHS, 60 Min., in Farbe, mit Begleitheft. ●●●●●*
Das erfolgreiche Vorstellungsgespräch
(6047-5) VHS, 60 Min., in Farbe, mit Begleitheft. ●●●●●*
Rhetorik
(6066-1) VHS, ca. 58 Min., in Farbe,
mit Begleitbroschüre. ●●●●●*

Bestellschein

Ich bestelle hiermit aus dem Falken-Verlag GmbH, Postfach 1120, D-6272 Niedernhausen/Ts., durch die Buchhandlung:

Ex. _____

Ex. _____

Ex. _____

Ex. _____

Name: _____ Datum: _____

Straße: _____

Ort: _____ Unterschrift: _____

Die hier vorgestellten Bücher, Videokassetten und Software sind in folgende Preisgruppen unterteilt:
● Preisgruppe bis DM 10,–/S 79,– ●●● Preisgruppe über DM 20,– bis DM 30,– ●●●● Preisgruppe über DM 30,– bis DM 50,–
●● Preisgruppe über DM 10,– bis DM 20,– S 161,– bis S 240,– S 241,– bis S 400,–
S 80,– bis S 160,– ●●●●● Preisgruppe über DM 50,–/S 401,– *(unverbindliche Preisempfehlung)
Die Preise entsprechen dem Status beim Druck dieses Verzeichnisses (s. Seite 1) – Änderungen, im besonderen der Preise, vorbehalten –